SIWEI YOUXI ZONGDONGYUAN CONC

思维游戏总动员丛书

青少年最喜爱的记忆力

思维游戏

刘芳 主编

APGTIME 时代出版

时代出版传媒股份有限公司
安 徽 文 艺 出 版 社

图书在版编目（CIP）数据

青少年最喜爱的记忆力思维游戏 / 刘芳主编. — 合肥：安徽文艺出版社，2012.2（2024.1 重印）
（时代馆书系·思维游戏总动员丛书）
ISBN 978-7-5396-3995-6

Ⅰ. ①青… Ⅱ. ①刘… Ⅲ. ①智力游戏－青年读物②智力游戏－少年读物 Ⅳ. ①G898.2

中国版本图书馆 CIP 数据核字(2011)第 247675 号

青少年最喜爱的记忆力思维游戏

QINGSHAONIAN ZUI XIAI DE JIYILI SIWEI YOUXI

出 版 人：朱寒冬
责任编辑：秦 雯　　　　装帧设计：三棵树 文艺

出版发行：安徽文艺出版社 www.awpub.com
地　　址：合肥市翡翠路 1118 号　邮政编码：230071
营 销 部：(0551)3533889
印　　制：唐山富达印务有限公司　电话：（022)69381830

开本：700×1000 1/16　印张：10　字数：129 千字
版次：2012 年 2 月第 1 版
印次：2024 年 1 第 3 次印刷
定价：48.00 元

前 言

曾获八次世界记忆大赛冠军的多米尼克·奥布莱恩，可以用38秒记住一副扑克牌的顺序，用30分钟记住2385个随机产生的数字，用1个小时记住元素周期表上110种元素的原子序数、元素符号、元素类别和精确到4位小数的原子量……他因为记性太好而被各国的赌场拒之门外，现在不仅英国所有的赌场都不欢迎他，法国、捷克、美国等国的赌场，也都盯上了他，不让他入场。

小时候学东西时，我们会很自然地去模仿，会讲述所见所闻的事物，因此背诵、重复的学习方法是从很小的时候自然而然建立起来的。由于这个方法是我们最容易掌握的，也是在成长过程中十分好用的，因此大部分的人过于依赖这种方法。很多人把背诵描述成死记或者硬背，因为这个负面的描述，致使“背诵”成为一个不好的工具，其实不然。

学习和记忆是互为因果、相辅相成的，记忆是学习的一环，也是学识进步的基石。像多米尼克·奥布莱恩那样的记忆力是我们都希望有的，但是大多数人在记数字、电话号码或历史年代这些本来就不容易记忆的资料时，可能要背诵很多遍，却不见得能达到很好的效果。大多数背完就忘，忘了再背，在这种情况下就成了死记硬背式的恶性循环。

现在，检讨一下过去学习的方法和习惯，在了解自己还有无限可提高的空间后，寻找更好、更有效的学习方法，这才是关键所在。学习只有在记忆下才有意义，在记忆和理解下，才有学然后知不足之感。

你一定知道，拥有好的记忆力能够改善你的学习效果，从而提高学习成绩、工作效率。为了这个梦寐以求的愿望，现在你要利用零散的时间认真做完这本书中每一个思维训练游戏，这都是为了那个愿望而精心选编的，旨在提高记忆的效率，改善记忆力。还等什么呢？一起来做吧！

目　录

图像记忆法的训练游戏

观察记忆法的训练游戏

联想记忆法的训练游戏

谐音记忆法的训练游戏

歌诀记忆法的训练游戏

比较记忆法的训练游戏

归纳记忆法的训练游戏

推导记忆法的训练游戏

理解记忆法的训练游戏

图像记忆法的训练游戏

你一定发现了：所有的人生记忆里，图像是最难忘记的，即使是小时候的晨读课，回忆起上课景象要比当时用心背的那首诗更容易。图像记忆是最符合人类大脑运作模式的记忆方法，所谓图像记忆法，就是尽量把需要记忆的内容转换为实在的物体的形象，从而达到长期记忆的目的。

目前，风靡世界的各种所谓超级记忆法，多数都是依靠一系列的训练，帮助人们把各种需要记忆的内容转换为图像，从而提高阅读记忆的速度，以及记忆的持久度。

众所周知，在脑海中的图像愈鲜明，记忆就愈持久，所以图像的鲜明化是记忆力持久的一个关键。因此，对图像的记忆能力是提高记忆力不可或缺的一步，这也是本章所选游戏的目的。

在这章所选的游戏里，有观察、比较、识别图像等类型的游戏，希望你能在玩的同时提高对图像记忆的能力。

测测记忆力（1）

难度等级　★☆☆☆☆

利用 5 秒钟记住下图，然后翻至下一页。

测测记忆力（2）

难度等级　★☆☆☆☆

利用 5 秒钟记住下图，然后翻至下一页。

测测记忆力（3）

前页有的打“√”，没有的画“×”。

测测记忆力（4）

前页有的打“√”，没有的画“×”。

旋转的物体

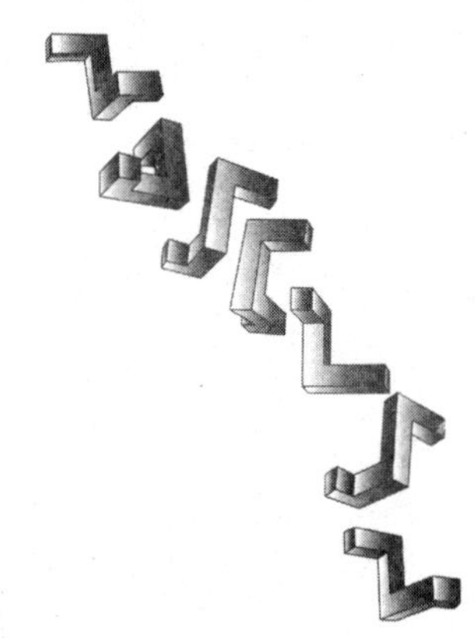

难度等级 ★★☆☆☆

这是一个三维物体水平旋转的不同角度的视图，但是它们的顺序被打乱了，你能否将它们按照原来的顺序排列成一行？

比舞大赛

难度等级 ★★☆☆☆

在一次大赛中一对舞伴分别被拍照8次。哪几张照片中显示出他们改变了跳舞姿势呢？

找　茬（1）

难度等级　★★☆☆☆

在下面的6幅图中，哪2幅是一模一样的呢？

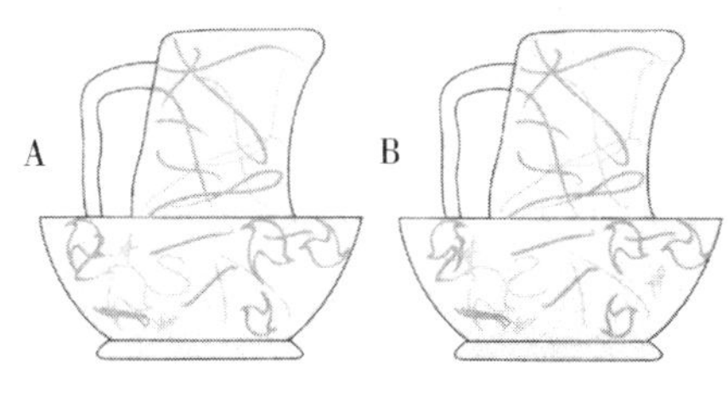

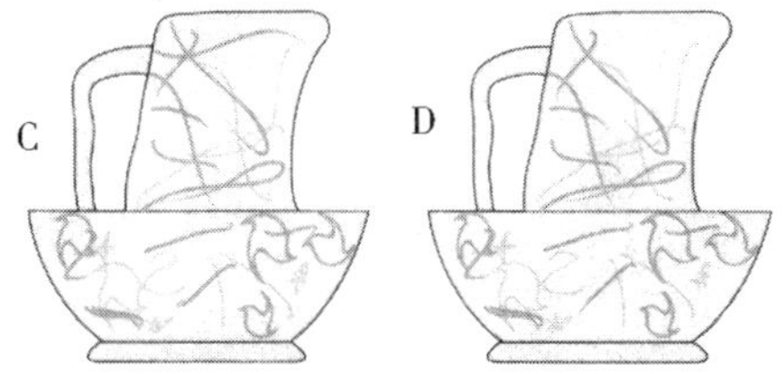

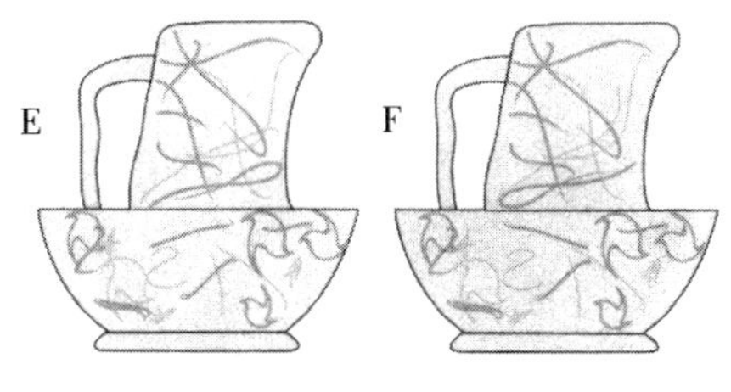

找　茬（2）

难度等级　★★☆☆☆

右下边图形中，有3个组合在一起正好组成一个正方形，是哪3个？

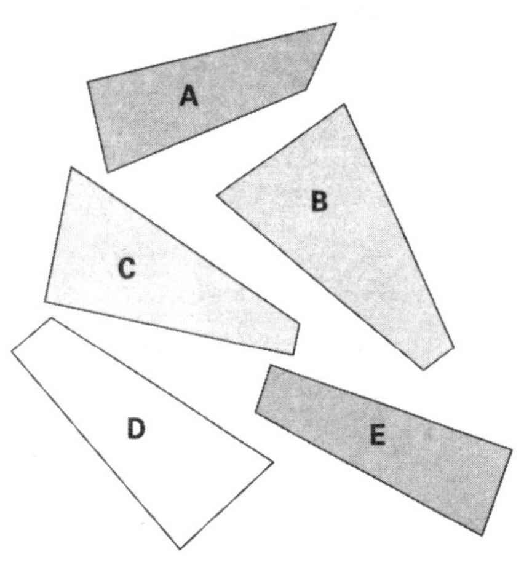

1. A B C

2. B D E

3. B C D

4. A D E

5. A C D

布置彩旗

难度等级　★★★☆☆

节日快到了，大家都忙于布置装饰每个场地。小区里的大十字路口，有一座四方形的建筑物，居民们打算将它的四面都插上彩旗，可是，所剩的彩旗总共只有 12 面了。

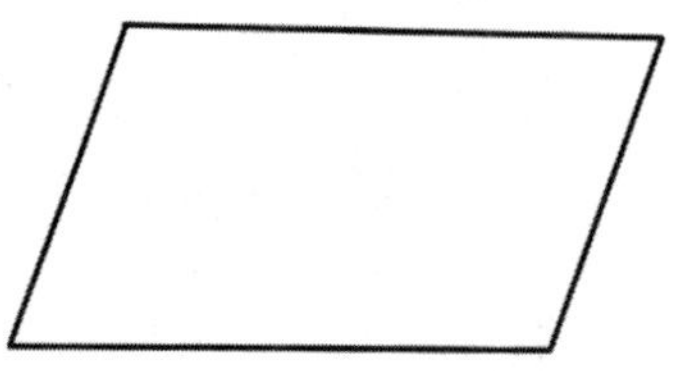

起初，他们按计划的方法布置，就是说，不论从十字路口的哪个方向来，都能看见这座建筑物上飘扬着的 4 面彩旗。

后来，他们重新考虑了一下，决定改变布置方法，让每一个方向都能看见 5 面彩旗，甚至还有人提出另一种布置方法，能使每一个方向上都能看见 6 面彩旗。当然，彩旗的总数仍是 12 面。

请你动动脑筋，这两个方案应该是怎样的呢？

折叠立方体

难度等级 ★★☆☆☆

哪一个立方体可以通过折叠 A 形成？

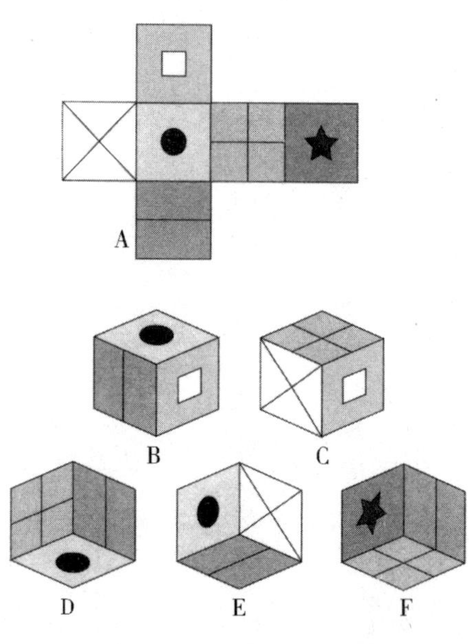

拼 圆

难度等级 ★★★☆☆

下边的 4 幅图中只有 2 幅能够恰好拼成一个整圆，是哪 2 幅呢？

拼矩形

难度等级 ★★☆☆☆

下边 5 个图形中有 4 个能拼成一个完整的矩形。哪个是多余的呢?

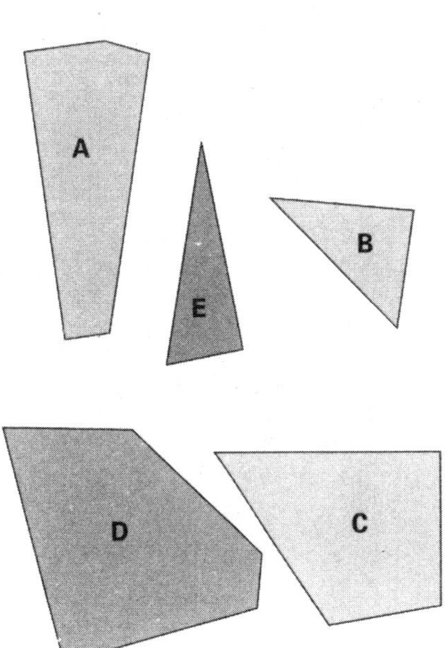

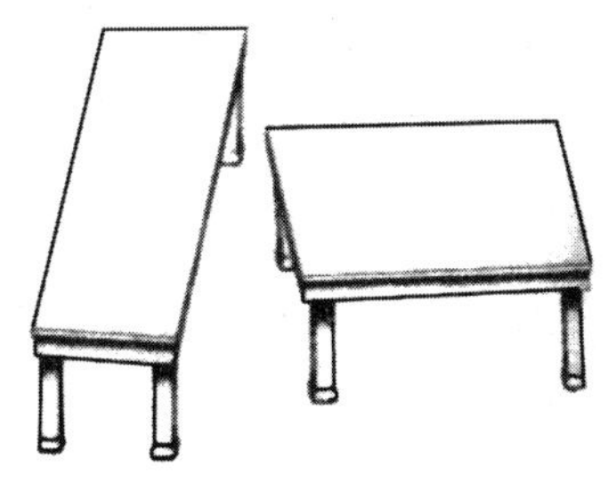

谢泼德桌面

难度等级 ★★☆☆☆

这两个桌面的大小、形状完全一样。信不信由你。

不可能的台阶

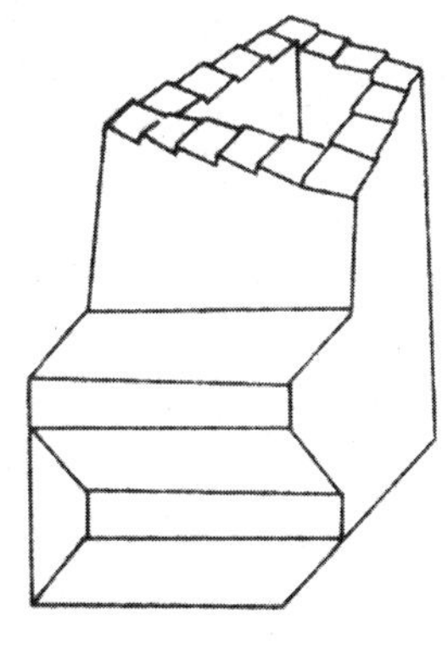

难度等级 ★★☆☆☆

如果登上巴黎圣母院的台阶是这样的，你觉得会发生什么呢?你能找到最低一级和最高一级的台阶分别在哪儿吗?

两只小花猫

难度等级 ★☆☆☆☆

这两只小花猫哪只更大？

这是直线吗

难度等级 ★★☆☆☆

上图中的线条看上去很弯曲，是这样吗？

下图中，两条水平线是弯曲的，还是直的？

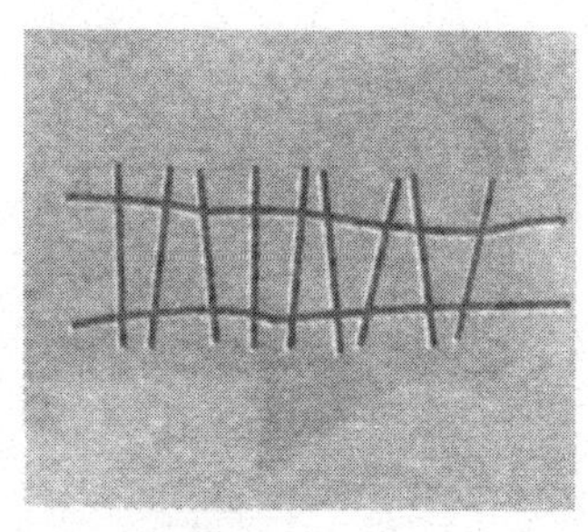

棒棒糖

难度等级 ★★☆☆☆

好奇特的灰色棒棒糖，灰色的部分是同心圆还是螺旋？你能跟踪它转动的轨迹吗？

买一送一

某人花了一辆车的钱买了两辆车，但是他却没法找到第二辆车，你能找到吗?

考眼力

难度等级 ★★★☆☆

在这些杂乱的图形里，请选出拥有相同图形的2组来，速度要快哦。

找面具

难度等级 ★★★☆☆

在下边的一组面具中有一个带有生气表情的面具，看看你多久能够找出来。

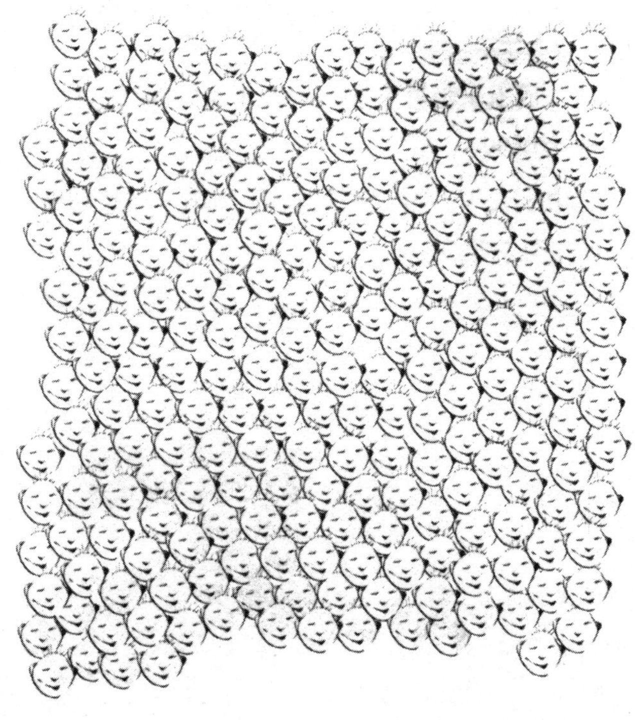

多余的图形

难度等级　★★★☆☆

如果将下面的一幅图分开的话，哪一幅是多余的呢？

回忆填图

难度等级　★★★☆☆

仔细观察第一组图，然后将它们遮住，根据记忆从 A、B、C、D 中选出第二组图中缺失的图形。

第一组：

第二组：　？

A　B　C　D

美丽的花瓶

难度等级 ★★★☆☆

这个造型美观的花瓶是位技术高超的工匠用旁边的碎瓷片拼成的。请你仔细看了后，在碎瓷片上写上对应的编号。

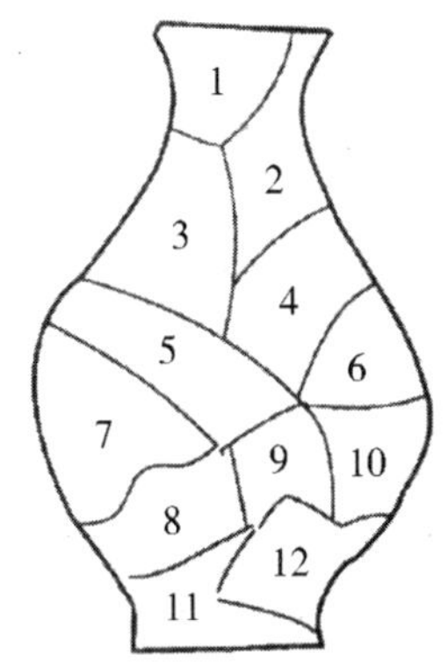

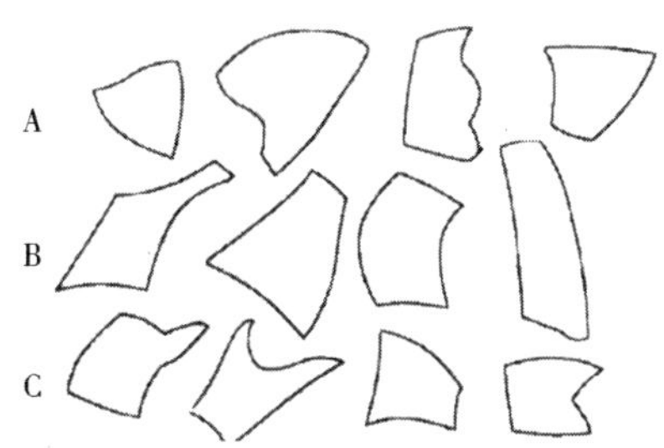

对称图形

难度等级 ★☆☆☆☆

与右边图形正好左右相反的图形是哪一个？

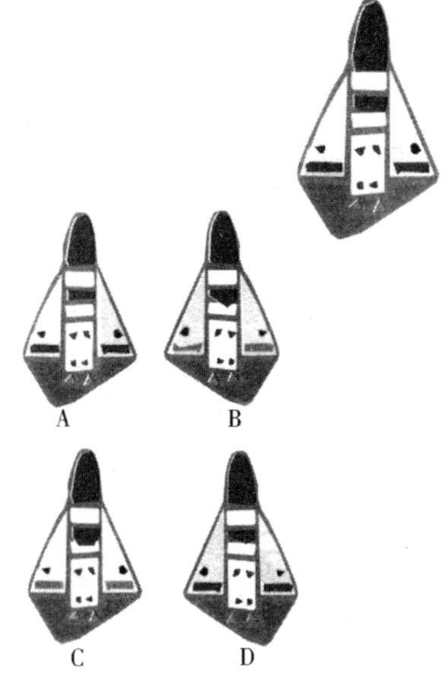

图形构成

难度等级 ★★☆☆☆

A、B、C、D 四个图形分别是由 1 ~4 中某几个图形组成的，请你说出 A、B、C、D 四个图形分别是由哪几个图形组成的？

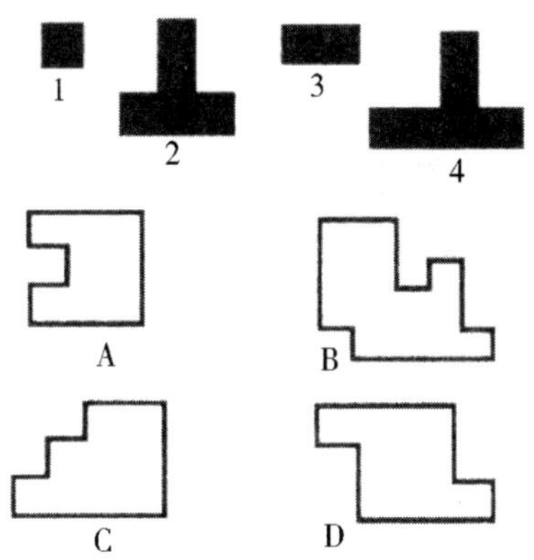

过目不忘

难度等级 ★★★☆☆

请仔细观察并记住下面的 8 个人物的名字和职业，然后覆盖住图像下的名字和身份，尝试着将它们写出来。

张雪——护士　王存——邮递员

李凯——消防员　张波——建筑工人

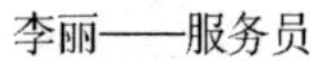

李丽——服务员　王平——医生

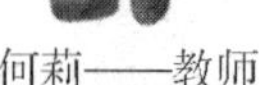

何莉——教师　李军——警察

相反的圆环

难度等级 ★★☆☆☆

A、B、C、D 中与其上图形正好相反的是哪一个?

A

B

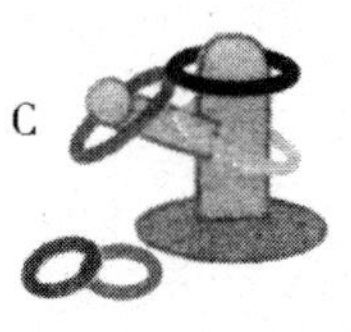

C

D

镜　像

难度等级　★★☆☆☆

这是一个镜像问题，参照所给例子的解决方法，找出所给选项中错误的一个。

1　2　3　4

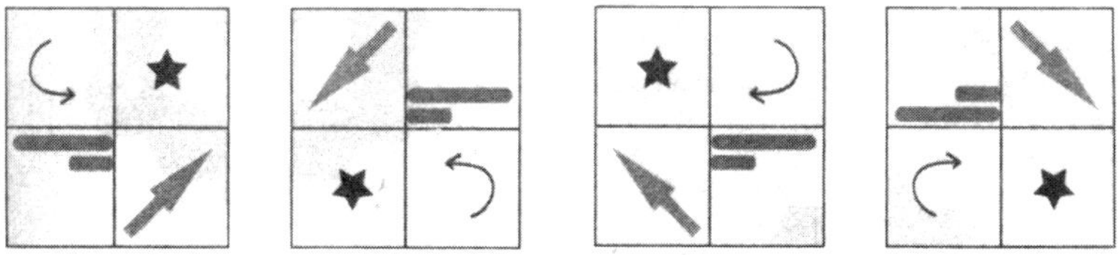

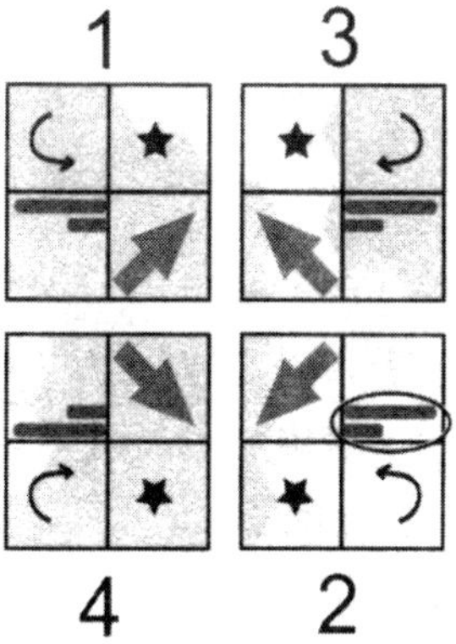

1　3

4　2

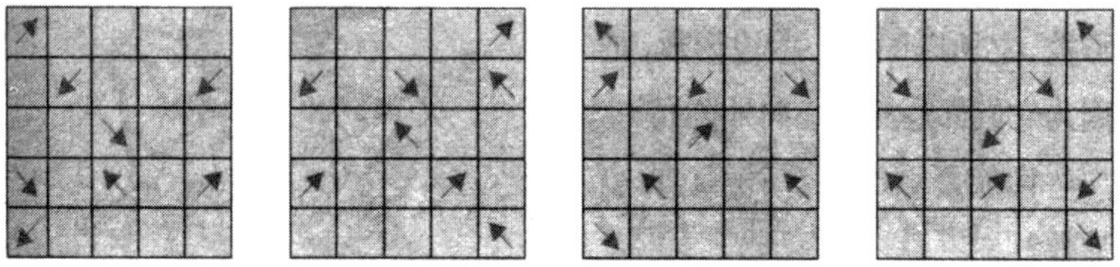

A　B　C　D

T时代

难度等级 ★★☆☆☆

你可以把右边这4个图片拼成一个完整的大写字母T吗？

七格三角形

难度等级 ★★★☆☆

七格三角形是由7个全等三角形组合而成的，一共有24个。

这24个七格三角形中有多少个可以用来铺地板（也就是说，无数个这一图形可以无限地铺下去，每2块之间都不留缝隙）。有人证明了只有1个不可以。

你能把这一个找出来吗？

答案与提示

测测记忆力（1）

如图所示。

测测记忆力（2）

如图所示。

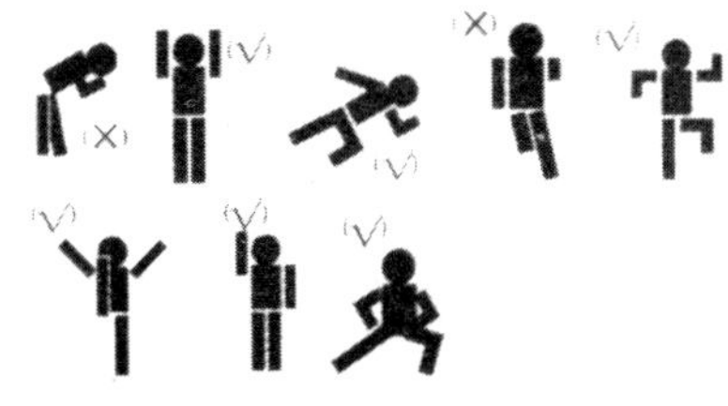

旋转的物体

如图所示。

比舞大赛

两个舞伴的每个人都分别换了一次姿势。

只有在两张照片中他们是变换了姿势的（也就是说，成镜像），其他照片中显示的都是他们在旋转。

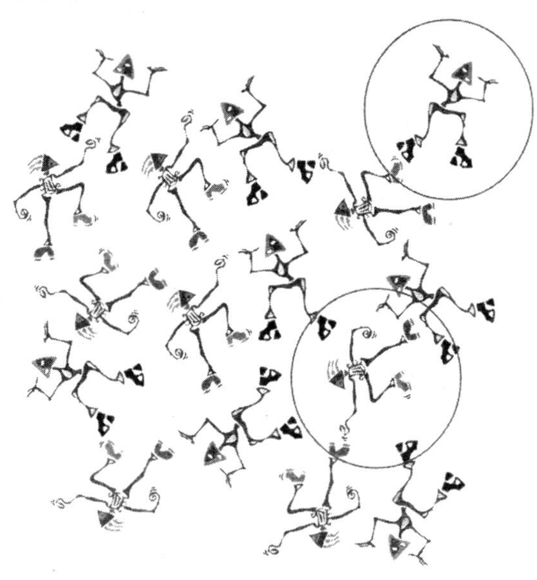

找　茬（1）

C 和 E

找　茬（2）

2. B D E

布置彩旗

每个方向能看见 5 面彩旗的布置方法如下图。

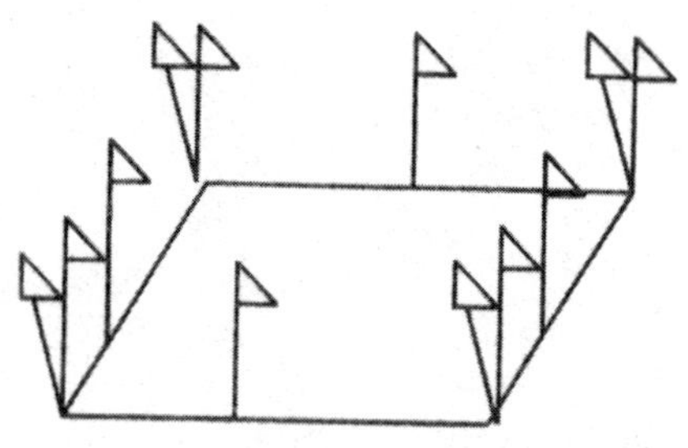

每个方向能看见 6 面彩旗的布置方法如下图。

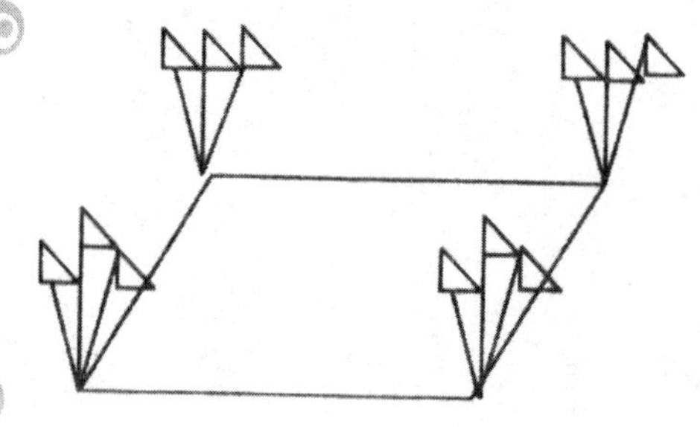

折叠立方体

F

拼　圆

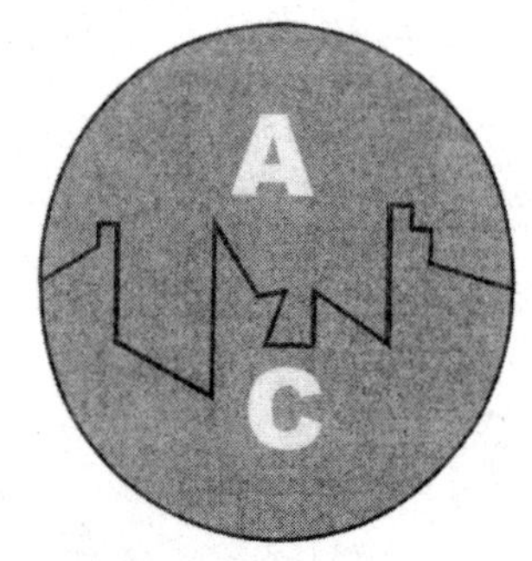

A 和 C，如图所示。

拼矩形

C，如图所示。

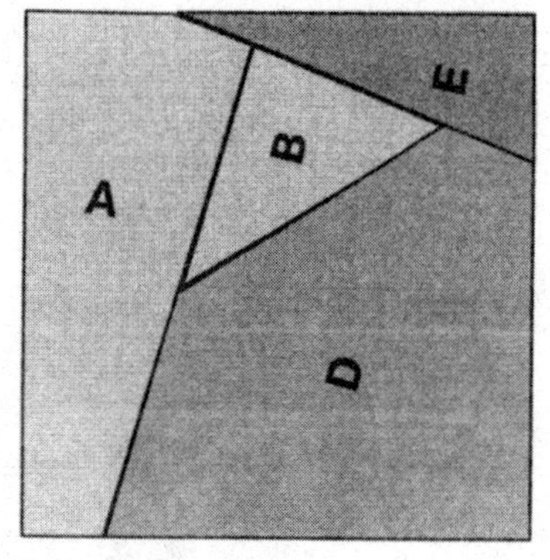

谢泼德桌面

斯坦福大学的心理学家罗杰·谢泼德创作了这幅幻觉图。虽然图是平面的，但它却暗示了一个三维物体。桌子边和桌子腿提供的感知提示，影响了眼睛对桌子形状的判断。这会使你明白，有时候我们的大脑并不会乖乖“如实陈述”它所看到的东西哦。

不可能的台阶

你会发现这个台阶并没有最低一级和最高一级的区分，它仿佛永远是走不完的，即不会太高，也不会太低！这就是为什么说它不可能的原因。“不可能的楼梯”由基因学家莱昂内尔·彭罗斯于20世纪50年代中期首先创造，之后它为M.C.埃斯彻尔创作经典相片“上升与下降”提供了灵感。

两只小花猫

看起来后面那只大些，实际上它俩一样大。这是空间透视感造成的错觉。

这是直线吗

实际上这些线条是直线。之所以会产生弯曲的感觉，主要是由于交错排列的格子背景造成的。此图属于“咖啡墙错觉”的变体。不过这种错觉的原理尚在研究中。

水平线本身就是弯曲的。难道你还没有被视觉幻觉欺骗够吗？这道题也许能提醒你注意定势思维。

棒棒糖

灰色的同心圆似乎是无休止的螺旋。这是弗雷泽螺旋的变体图形。

买一送一

仔细看，其实一辆车横在另一辆车的上面，你看到了吗？

考眼力

A与D。

找面具

那个生气的面具在第2行右边倒数第2个。

人的感知系统总是能够很容易察觉异常的事物，而完全不需要系统地查找。这个原理被用于飞机、汽车等系统里，从而使它们的显示器能够随时随地地探测出任何异常的变化。

多余的图形

D，如图所示。

回忆填图

C。记忆图形时，除了要留心图形的形状，也要留心图形间有什么样的关系，抓住规律记忆才能提高记忆效率。

美丽的花瓶

A：6、7、8、1；B：2、3、4、5；C：12、11、10、9。

对称图形

D

图形构成

A：1、2、3；B：2、3、4；C：1、3、4；D：1、2、4，如图所示：

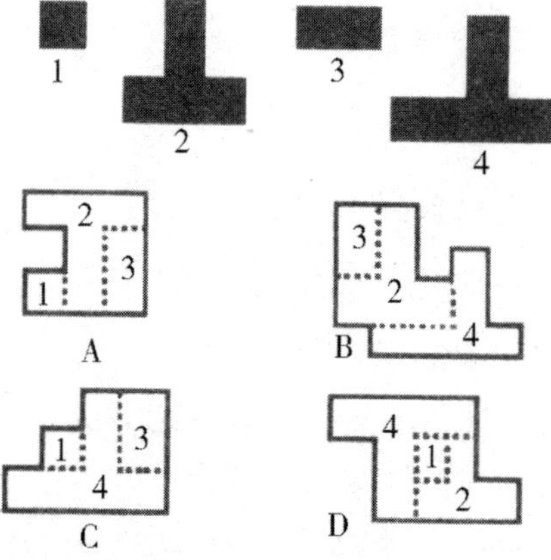

过目不忘

记忆的过程中，你需要调动视觉、听觉、感觉。进行此游戏时，秘诀是在图像与名字之间建立一种联系，联系得好，记得就快。

相反的圆环

B。

镜　像

B。

T 时代

如图所示。

七格三角形

如图所示。

观察记忆法的训练游戏

观察是记忆的开始，也是记忆的基础。观察和记忆都是智力的组成部分，观察是为了保证信息的有效输入，记忆是观察结果的储存和检验。处处留心皆学问，就提示了观察是学习和记忆的基本功这个道理。

良好的观察能够很快掌握客观事物的基本特征，可以说是记忆的加速剂。认真的观察是记忆正确的可靠保证，耳听为虚，眼见为实，敏锐的观察所得来的信息比较可靠。如果一个人的观察能力不强或不准，那么你的记忆能力也是比较弱的。

拥有好的观察力并不是一蹴而就的，而是需要长时间的训练。我们在读书、看报或欣赏电视时，经常会发现应该识记的对象必须看准确、看仔细，不只是认真看看就行了，还要开动脑子，把数目、形状、姓名、特征和结构结合在一起，才能在头脑中留下深刻的印象。

观察记忆法要把观察看做一种有目的、有计划、有步骤和有成果的知觉行动，是一种通过眼睛看、耳朵听、鼻子嗅、嘴巴尝、用手摸等去有目的地认识周围事物的心理过程。如果这个过程越认真，越仔细，越全面，其效果就越好。

通过本章精选的经典思维游戏，能够帮助你树立随时仔细观察的意识，拥有一个好的观察力。

座位图

难度等级 ★★★☆☆

下面是一张座位图，图中有 10 位朋友聚在一起吃午餐，看 5 分钟后，将图盖上，回答下面问题：

1. 安的邻居是谁？
2. 菲吃的是什么？
3. 谁坐在丽的对面？
4. 杰和伦是邻居吗？
5. 谁在吃饺子？
6. 谁的面前放的是豌豆？
7. 娜对面的客人吃的是什么？
8. 谁在吃白菜？

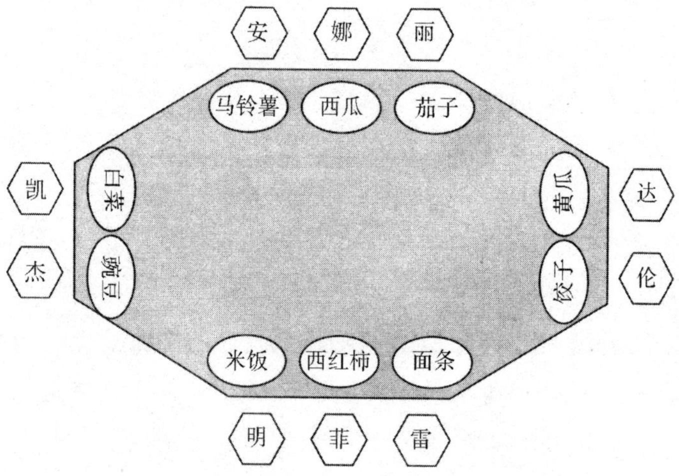

识别嫌疑犯

难度等级 ★★★☆☆

给你 2 分钟时间，仔细观察下面这些嫌犯，然后回答下面的问题：

1. 哪个嫌疑犯穿着一件长夹克？
2. 哪个嫌疑犯拎着个包？
3. 哪个嫌疑犯穿一件 T 恤衫？
4. 哪个留着胡子？
5. 一共有多少个女嫌疑犯？
6. 哪个嫌疑犯戴着眼镜？
7. 哪个嫌疑犯打着领带？
8. 哪个嫌疑犯穿着裙子？
9. 哪个嫌疑犯系着腰带？
10. 谁是最高的？

11. 哪个嫌疑犯戴着项链？

12. 哪个女嫌疑犯是一头蓬发？

用“眼”估估看

难度等级 ★★★☆☆

下面有2个数阵，第二个数阵中的各个数字与第一个数阵中的各个数字是相同的，只是排列相反。请你先用眼观察这些数，比较一下两边是不是一样，然后再把数加起来进行核算，哪一栏加起来的得数大？

1 2 3 4 5 6 7 8 9
1 2 3 4 5 6 7 8
1 2 3 4 5 6 7
1 2 3 4 5 6
1 2 3 4 5
1 2 3 4
1 2 3
1 2
1

1
2 1
3 2 1
4 3 2 1
5 4 3 2 1
6 5 4 3 2 1
7 6 5 4 3 2 1
8 7 6 5 4 3 2 1
9 8 7 6 5 4 3 2 1

最后的弹孔

难度等级　★★★★☆

有一天，著名的侦探L先生接到报警，说当地一位有名的富翁K被枪杀了，L先生立刻赶往现场。K富翁是站在他家的窗边时，被突然从窗外钻进的子弹击中的。L先生发现凶手的枪法极为不准，因为他打了4枪，最后一枪才命中。窗户的玻璃上留下4个弹孔。L先生一看便知道最后一枪是哪一个弹孔。

你知道最后一枪的弹孔是哪个吗？

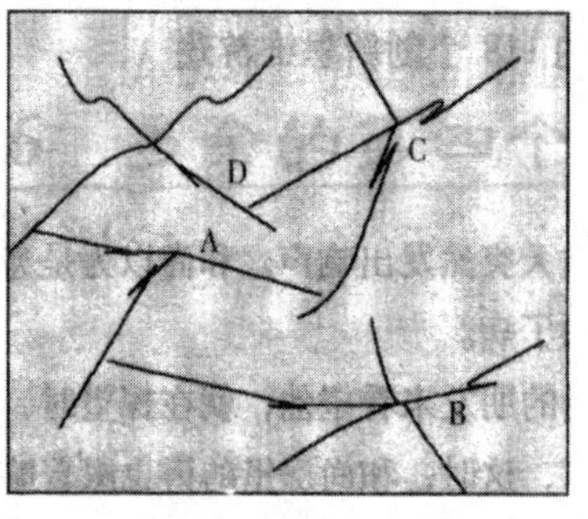

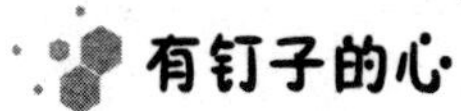

有钉子的心

难度等级　★★★★☆

如图所示，大的心形图案上有很多钉子（在图中用黑色的圆点表示），3个小的心形图案上各有一些小孔（在图中用白色的圆点表示）。现在请你将这3个小的心形图案覆盖到中间的大的心形图案上，尽量让这些小孔能够覆盖最多的钉子。

提示：可以将3个小的心形图案旋转之后再覆盖上去。

最小的图形

难度等级　★★★☆☆

马蒂是一个艺术家，他的作品因能给人的视觉带来多样性变化而备受推崇。

如下图，请问马蒂在这6幅图中

使用了多少种基本图形？

精确的底片

难度等级　★★★☆☆

如图所示，左边方框里有 3 对图案，其中的每对图案中，右边的图案是左边图案的底片，也就是说每一对的 2 个图案应该是相互反色的。

现在把右边方框里 A、B、C 图案中的 1 个覆盖在左边方框每对图案中右侧的图案上，都能够使左边方框里的图案满足上面的条件，即每一对的 2 个图案相互反色。

问：应该是 A、B、C 中的哪一个？

双胞胎

难度等级 ★★☆☆☆

有6头公牛，其中有2只长得一模一样。用最快的速度，把它们找出来。

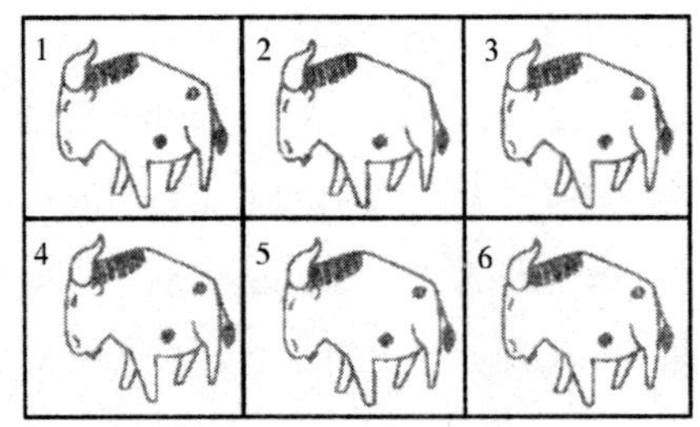

哪个不相关

难度等级 ★★★☆☆

下列各图中，哪一个图与其他的图不相关？

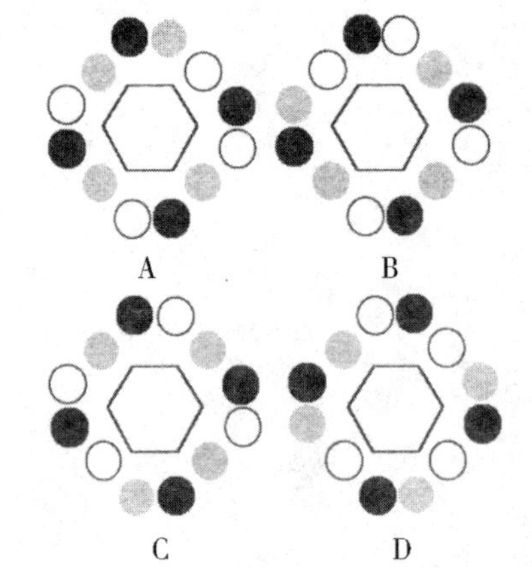

奇怪的表情

难度等级 ★★★☆☆

下图的表情各异，你能用最快的速度找出两组相同的表情组合吗？

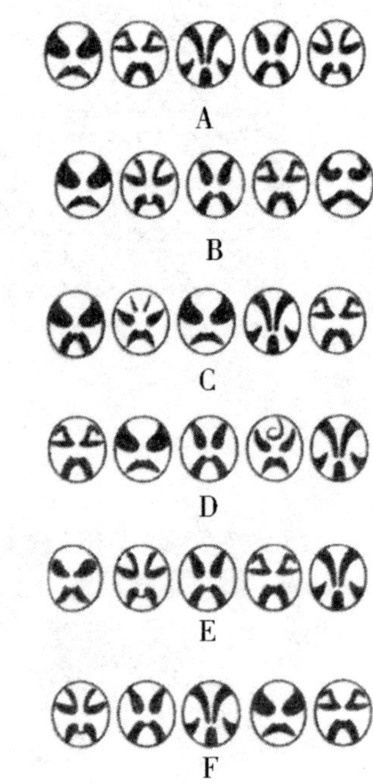

旋转的窗户

难度等级 ★★★☆☆

将给出的窗户和鸟复制或剪下来，用胶水黏成如图（上）的样子。在黏之前用一个夹子将小鸟夹在窗户上，如图所示。

将黏好的窗户和小鸟挂在一根绳子上，让它慢慢旋转。然后站得远一点，闭上一只眼睛看这个结构。

几秒钟后你会看到什么呢？你一定会大吃一惊的。

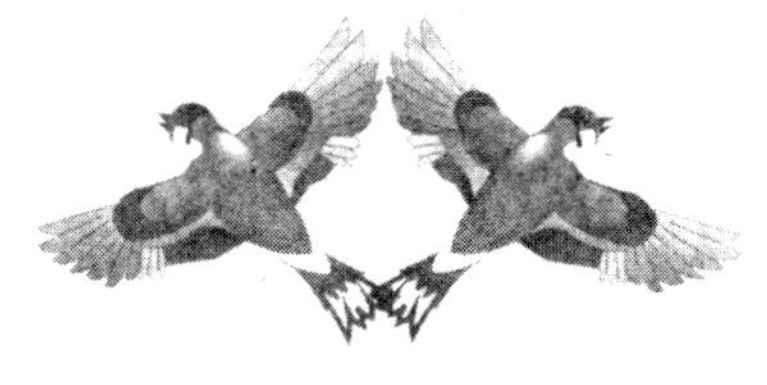

门

难度等级 ★★★★☆

动脑筋想一想，哪一扇门的安装方法是错误的？

A

B

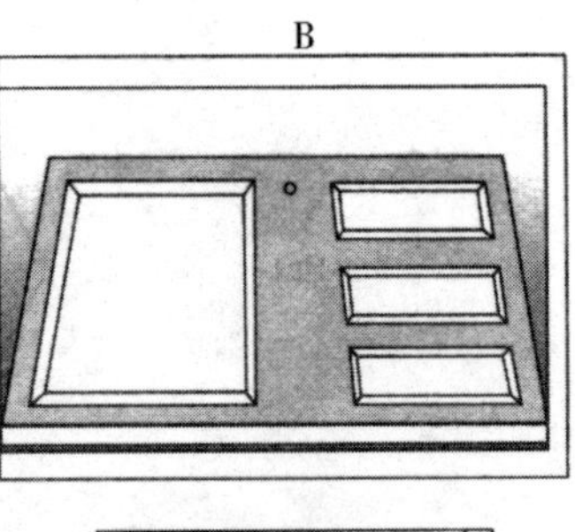

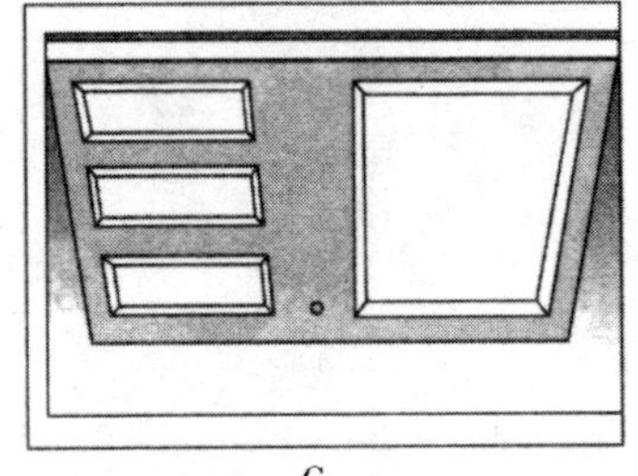

C

D

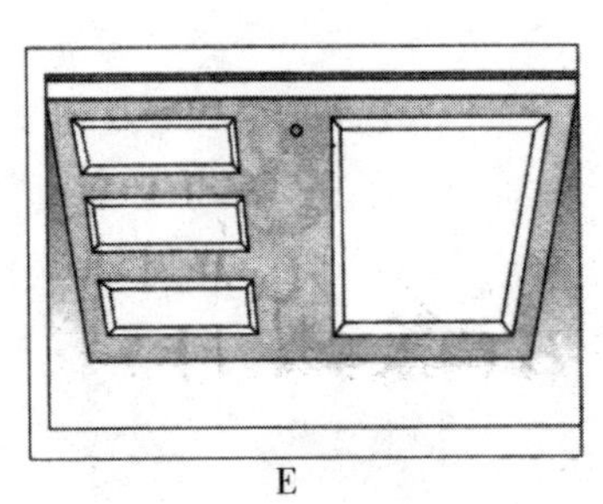

E

F

判别表针

难度等级　★★★☆☆

下面 4 个钟的时针和分针长短差不多，不仔细看可分辨不出来。你能看出哪根是分针，哪根是时针吗？

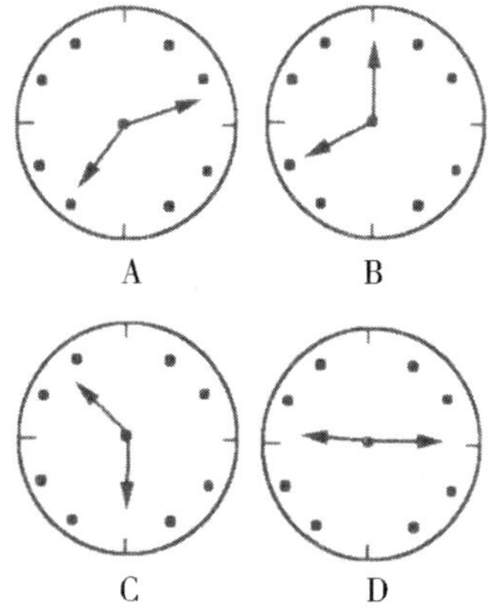

加　减

难度等级　★★★☆☆

从下边竖式里去掉 9 个数字，使得该竖式的结果为 1111。应该去掉哪 9 个数字呢？

```
  111
  333
  555
  777
+ 999
─────
 1111
```

独树一帜

难度等级　★★☆☆☆

找出与其他图案不同的一项：

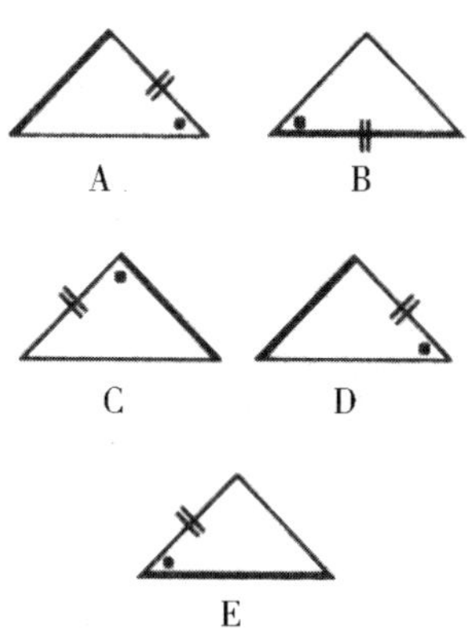

找　错

难度等级　★★★☆☆

A、B、C、D 是一张图分别所成的像，有一项上有个错误，请找出这一项。

A

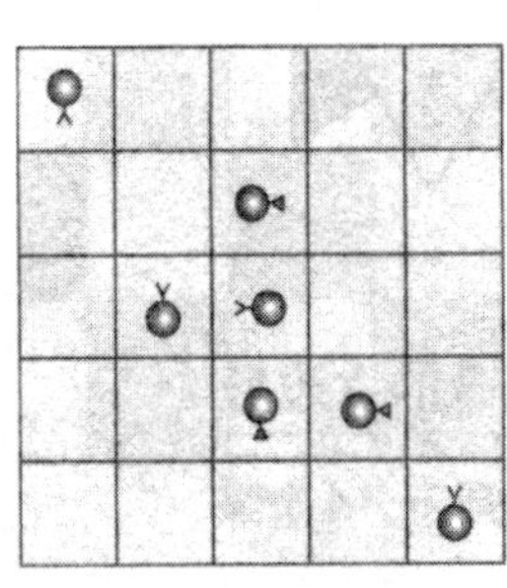

B

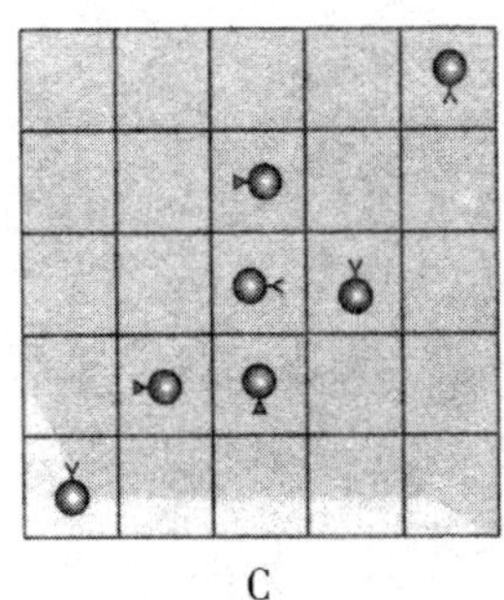

C

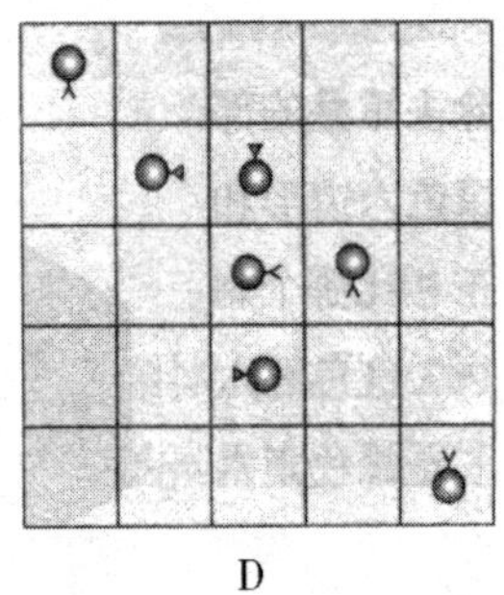

D

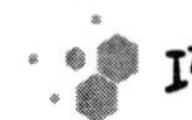

巧探陷阱

难度等级 ★★★★☆

下图是一张陷阱图，圆点表示陷阱，斜线表示水沟。

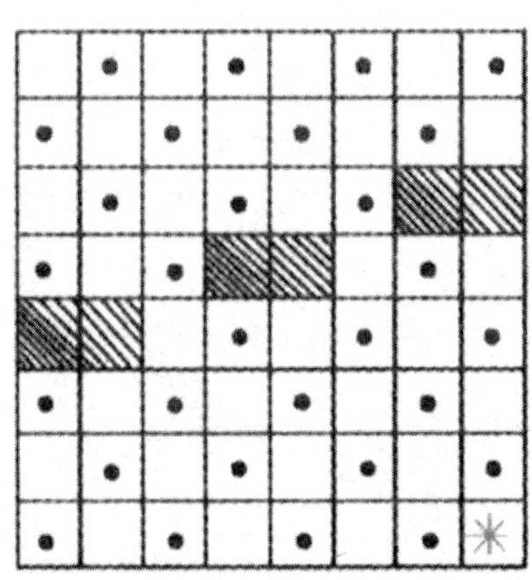

一个侦察兵从有“＊”的方格出发，一格一格地走，把有陷阱的和空白的方格全走到了，并且一次也没有回到已经走过的方格中去。他没有走对角线，也没有到过斜线方格。他转完一圈，仍回到出发时的那块方格中。

你知道他是怎么走的吗？

俯视布篷

难度等级 ★★★☆☆

如图所示，四张布篷安装在一个支架上。如果从支架的正上方俯视，将看到什么图案？

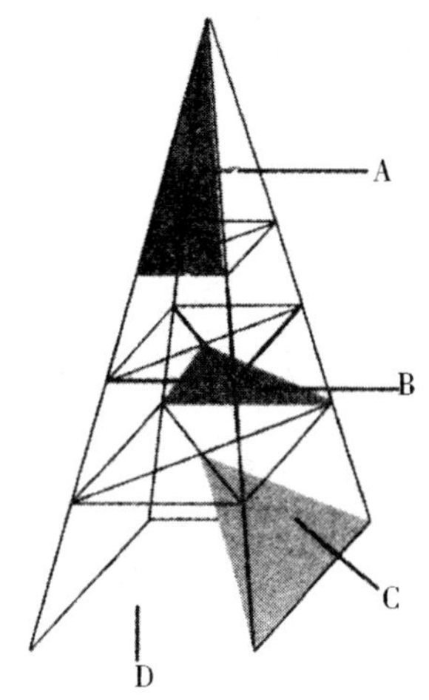

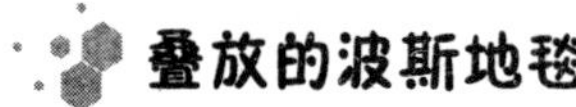

叠放的波斯地毯

难度等级　★★★☆☆

一块边长2米的地毯覆盖了一块边长1米的地毯的一角。大地毯的一个顶点放在小地毯的中心。不考虑周围的流苏，小地毯有百分之几被大地毯遮住了？

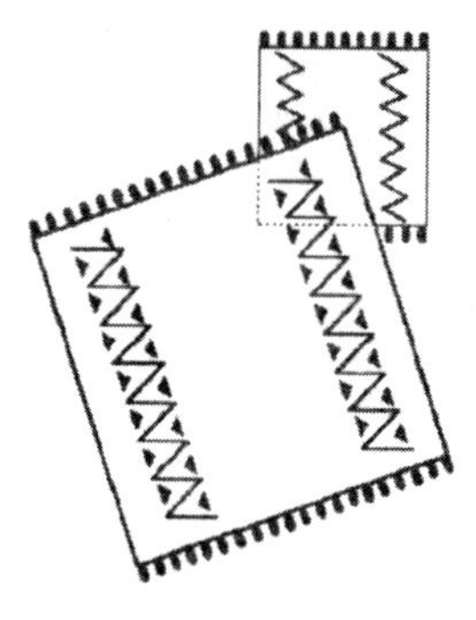

汽车怎么移动

难度等级　★★★☆☆

如图，这是一座汽车库，实线表示墙，虚线表示车位的划分，车可以自由移动。如果要将车对调一下，即1和5对调，2和6对调……每格只能进一辆车，但如果是空的，车移动几格都行。该怎样移动呢？

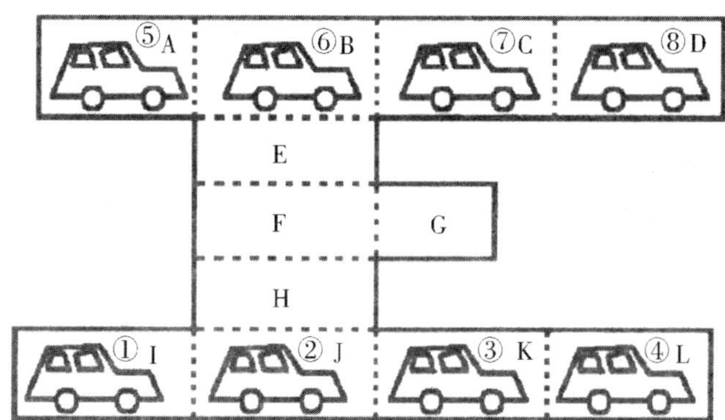

寻找图案

难度等级 ★★★☆☆

（1）～（5）五幅图案中，哪一幅是小方框内的图案左右翻转后得来的？

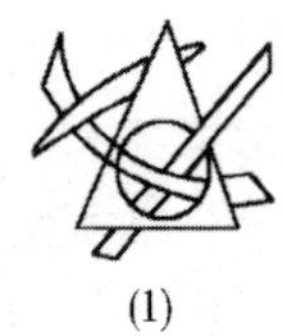

(1)

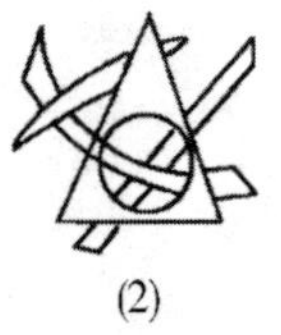

(2)

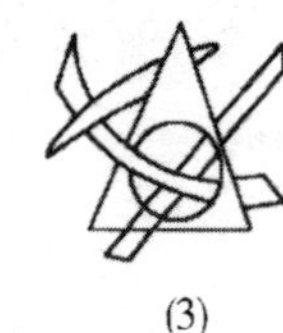

(3)

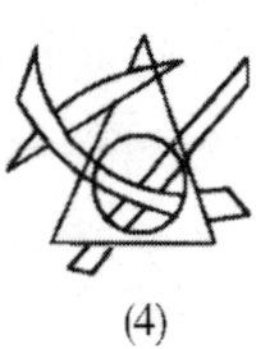

(4)

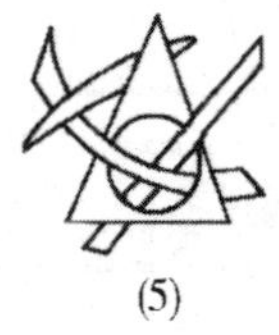

(5)

相等面积

难度等级 ★★★☆☆

找找看 A～F 几何图形中，黑色部分和白色部分面积相等的有哪些图形？

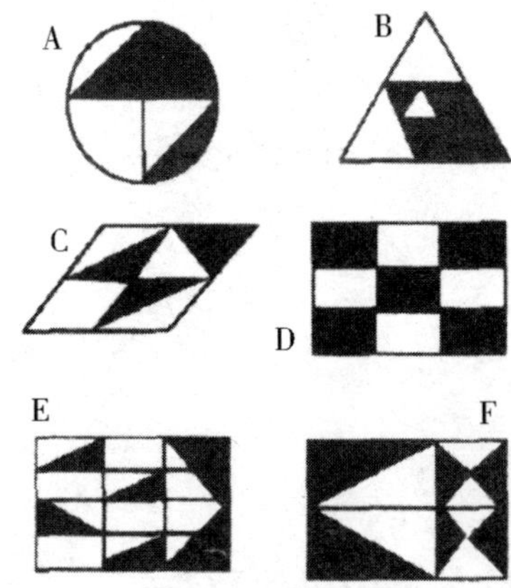

折叠后的图案

难度等级 ★★★☆☆

将左下图纸片折成一个立方体（最下方的图案为底面），立方体的表面图案是怎样的？从 A、B、C、D、E 中选出正确的一幅。

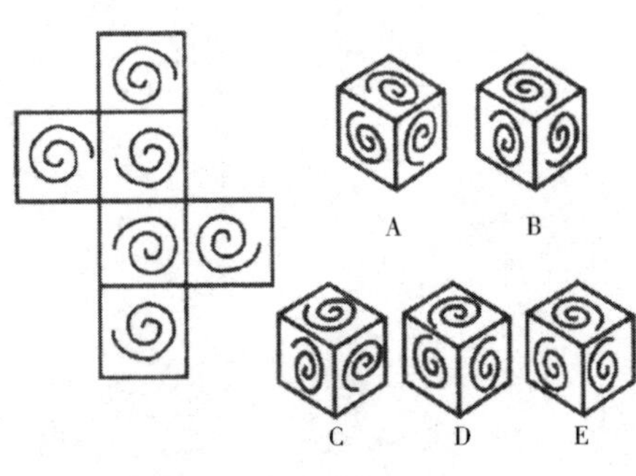

纸条的结

难度等级　★★★☆☆

这 6 幅图分别是由 6 根纸条绕成。

问哪一幅图与其他 5 幅都不同？

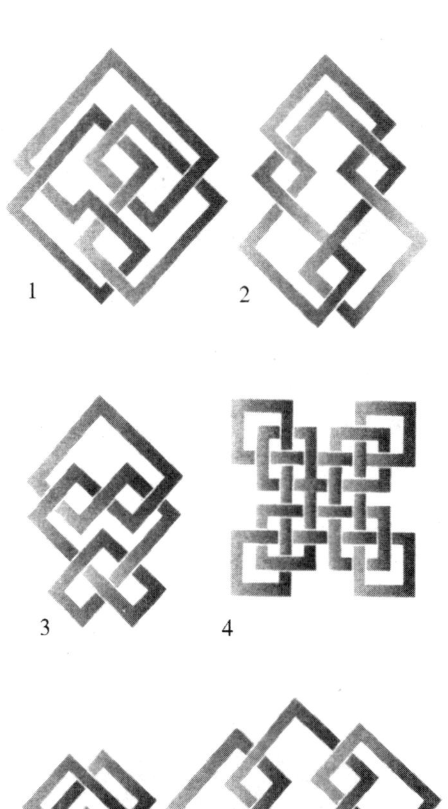

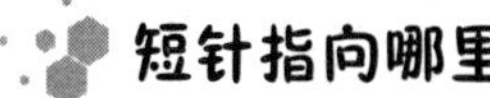

短针指向哪里

难度等级　★★★★☆

在白色硬纸板的表面画有钟表的长针和短针，按右上图的方式吊起硬纸板并翻转，背面的短针位置就显露出来了。那么，如果按左上图的方式吊起硬纸板并翻转，短针指向哪里？

图形组合

难度等级　★★★☆☆

A、B、C、D 四个立方体中，哪一个是由方框内的平面图折叠而成的？

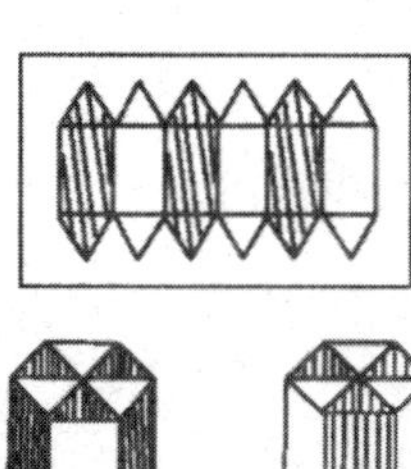

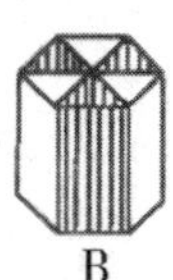

A　　B

C　　D

答案与提示

座位图

略

识别嫌疑犯

题中问题的答案依次为：

(1) D (2) C (3) B (4) B

(5) 2个 (6) A (7) A (8) D

(9) B (10) C (11) C (12) C

用“眼”估估看

这道题乍一看，好像两栏加起来的得数不会一样，但是仔细看一看，就会看出第一栏中有9个1，等于第二栏中有1个9；第一栏中有8个2，等于第二栏中的2个8；第一栏中有7个3，等于第二栏中有3个7，等等。由此可以得出结论，两栏中各数加起来的得数一定是相等的。

最后的弹孔

其实这道题不仅考察你的观察力，还考察你的生活实践经验。注意观察并有经验的人会知道，当玻璃有裂纹时，为了防止它继续延伸下去，都会在裂纹的前方横着再划一道线，这样裂纹就不会再继续了。

在这里也有同样的道理，后发射的子弹，其产生的裂纹会被先发射的子弹产生的裂纹截挡住，那么后产生的裂纹都会在遇到先前的裂纹处停下来，现在答案就很清楚了，最后一枪的弹孔是B，发射子弹的先后顺序是D、C、A、B。

有钉子的心

如图所示。

最小的图形

这6幅图中只用了一种基本图形，如右图所示。

每一种图案都是由这一种基本图形合成的，该图形通过旋转可以有4种方向。

精确的底片

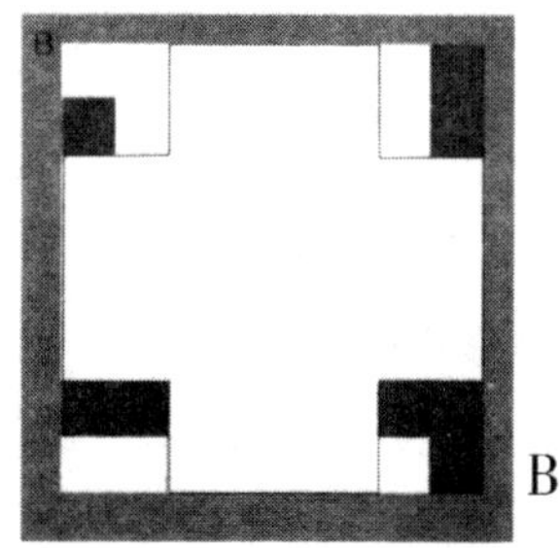

应该选择B，将B覆盖在红色方框中每对图案右边的图案上，都能够使这3对图案正好相互反色。

双胞胎

答案1和5。仔细观察，你会发现，其他的牛都有细微不同。

哪个不相关

图形D。图形B为图形A逆时针旋转90度所得，图形C为图形B逆时针旋转90度所得。

奇怪的表情

A与F。锻炼你的观察力哦。

旋转的窗户

如果窗户慢速旋转，你看到的将是一个摆动的长方形！

如果你在窗户的一个洞里面插上一支铅笔，甚至会出现更奇特的现象。有些人会看到铅笔改变了方向——它看上去像是从中间弯折或者扭曲了，并且随着旋转，它的速度和形状看上去都发生了改变。

窗户边的阴影会引起更多复杂的错觉。

在旋转的窗户上附上任何小东西（如小鸟），这个小东西看上去都在与窗户做反方向运动。

门

A，每种图形都按照各自固定的顺序转动。

判别表针

A：左下是时针，右上是分针；B：左边是时针，上面是分针；C：左上是时针，下面是分针；D：左边是时针，右边是分针。

以答（1）题为例，分析如下：

假设右上是时针，那么从其所在位置看，其应是2∶20分左右，不超过2∶30分。与此对应，分针应该在“20分”处，而不是“37分”。所以，假设不成立，右上应为分针，左下为时针。

同理可推出其他3个。

加　减

如图所示。

```
   x11
   33x
   xxx
   77x
 + xxx
 -----
  1111
```

独树一帜

B。

找　错

D。

巧探陷阱

如下图所示。

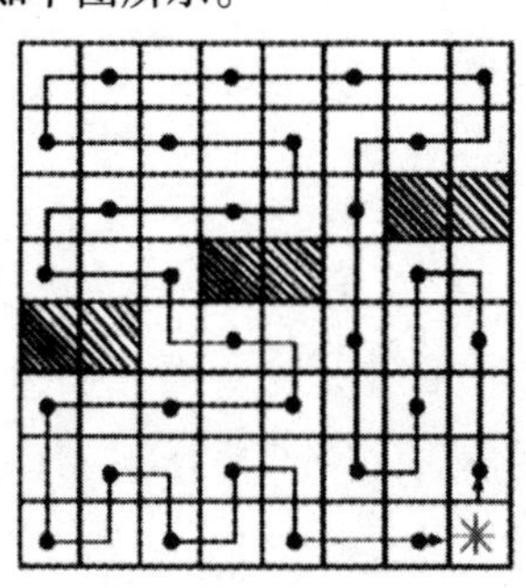

俯视布篷

如下图所示。

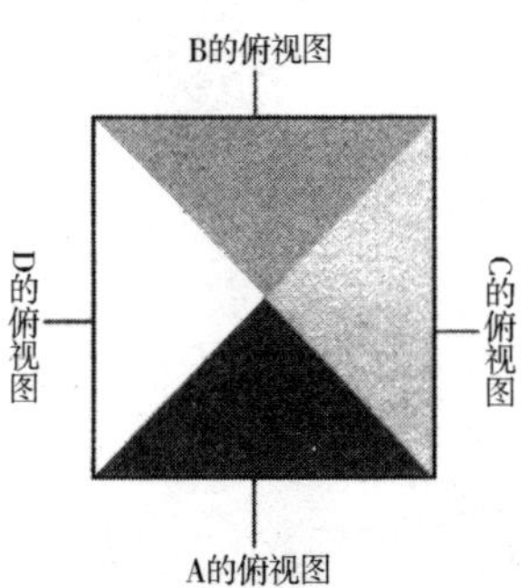

叠放的波斯地毯

大地毯恰好遮住了小地毯的25%，具体如图所示。因为大地毯的顶点正好放在小地毯的中心，所以，阴影部分是相等的。

汽车怎么移动

照如下顺序移动即可。

①6→G　②2→B　③1→E　④3→H　⑤4→I　⑥3→L　⑦6→K　⑧4→G　⑨1→I　⑩2→J　⑪5→H

⑫4→A　⑬7→F　⑭8→E　⑮4→D　⑯8→C　⑰7→A　⑱8→G　⑲5→C　⑳2→B　㉑1→E　㉒8→I

㉓1→G　㉔2→J　㉕7→H　㉖1→A　㉗7→G　㉘2→B　㉙6→E　㉚3→H　㉛8→L　㉜3→I　㉝7→K

㉞3→G　㉟6→I　㊱2→J　㊲5→H　㊳3→C　㊴5→G　㊵2→B　㊶6→E　㊷5→I　㊸6→J

寻找图案

(5)。

相等面积

A、F 两图形里的 $S_{黑}=S_{白}$。

折叠后的图案

A。因最下方的图案为底面，所以立方体的顶面应该是原图中间从上往下数的第二个图案，由此，排除答案 B，D，E（您也不妨动手试试）。

纸条的结

4 与其他 5 个都不同，其他的都只有 1 个连续的结，而 4 是由 2 个结组成的。

短针指向哪里

用虚线标出短针的位置，就容易找到答案了。

图形组合

B

联想记忆法的训练游戏

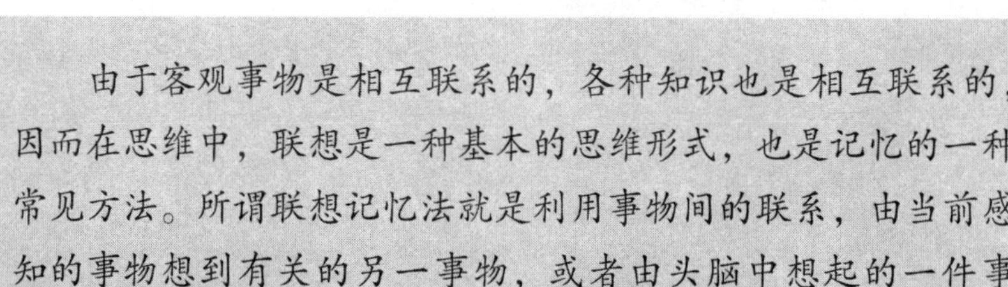

由于客观事物是相互联系的，各种知识也是相互联系的，因而在思维中，联想是一种基本的思维形式，也是记忆的一种常见方法。所谓联想记忆法就是利用事物间的联系，由当前感知的事物想到有关的另一事物，或者由头脑中想起的一件事物，又联想到另一件事物。

研究表明，记忆的一种主要机能就是在各种切身经验中建立联系，思维中的联想越活跃，经验的联系就越牢固。如果能经常地形成联想和运用联想，就可以增强记忆的效果。

需要指出的是，联想是有规律可循的，如接近联想、类似联想、对比联想、因果联想等等。联想时，必须让事物形象在脑中浮现，即使是百分之一秒那样短的时间也好。尤其要使联想的事物形成清楚而稳定的形象，以便使清晰的联系瞬间在脑中建立。

联想是新旧知识建立联系的产物，先学的知识应成为后学的知识的基础，旧知识积累得越多，新知识联系得越广泛，就越容易产生联想，也就越容易理解和记忆新知识。

本章内容包括联想类的游戏以及联系记忆的有趣实例，也许就有你怎么也记不住的那个知识呢，赶快开始吧！

柜子里的秘密

难度等级　★★★☆☆

我的电脑桌旁边的一面墙上有一些小的木柜子，平时可以放一些小东西，我就把自己的收藏分别放在这些柜子里。放的时候我按照了英文字母的排列顺序，如图所示，这个顺序能够提示我记住密码。

你能猜出我的密码是什么吗？

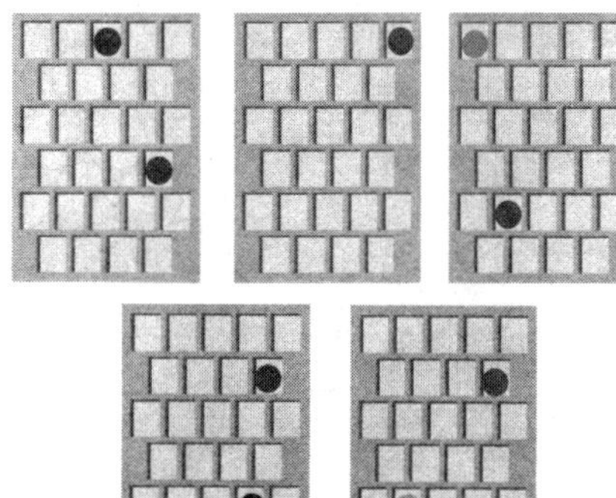

11的一半

难度等级　★★★★☆

你能否找到一种方法，使得6等于11的一半？

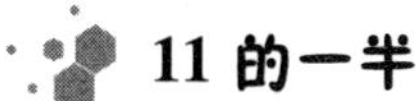

历史人物歇后语

难度等级　★★★☆☆

以下每句“歇后语”中均用了历史上的人物名。请你将相应的人名分别嵌入每句的歇后语中。

（1）（　）做寿——全家都上。

（2）（　）行医——名不虚传。

（3）（　）断臂——留一手。

（4）（　）用兵——以一当十。

（5）（　）之心——路人皆知。

（6）（　）下棋——独一无二。

（7）（　）钓鱼——愿者上钩。

（8）（　）击鼓——贤内助。

（9）（　）用兵——虚虚实实。

（10）（　）斩（　）——正人先正己。

（11）（　）削发——半路出家。

（12）（　）打仗——常胜。

（13）（　）上西天——一心取经。

（14）（　）吹笛——不同凡响。

（15）（　）挂帅——阵脚不乱。

（16）（　）做皇帝——短命。

（17）（　）搬家——尽输（书）。

（18）（　）出家——一无牵挂。

（19）（　）上梁山——官逼民反。

（20）（　）打瞌睡——梦想荆州。

借还是不借

难度等级 ★★★☆☆

过年了，小赵家来了好多亲属，他想在正月初一照一张全家福，怎奈没有照相机，只好去向小王借。来到小王家，小赵开门见山地说：“我想正月初一用一下你的照相机，你肯借给我吗?”小王说：“相机倒是闲着呢，你看就在那儿放着，可是这个正月没有初一呀。”小王的话让小赵怔在那里。忽然，他明白了小王的意思，高兴地把相机拿走了。

你知道这是为什么吗?

地名和成语

难度等级 ★★★☆☆

图中上海、合肥等 14 处是祖国的直辖市、省和省会名。请在左右空格里填上适当的字，与已有的字相连、相和、相接，使之成为 28 条常用成语。

			上	海							合	肥			
			天	津							南	昌			
			河	北							福	州			
			长	春							长	沙			
			西	安							南	宁			
			西	宁							广	州			
			济	南							贵	阳			

魏、蜀、吴三国建国年代

难度等级 ★★★☆☆

“曹丕喂洛羊，一天二两（22）饼（0）；刘备守成都，一天二两药；孙权建吴业，一天二两酒。”这句话里暗含了魏、蜀、吴三国的建国年代，你想到了吗?

汉代三次农民起义

难度等级 ★★★☆☆

“枫叶春夏时绿，秋天变红，冬

天变黄。”这句话指出了汉代三次较大规模的农民起义，你知道是哪三次吗？

用联想法记忆地名

难度等级 ★★☆☆☆

智利的首都“圣地亚哥”可记作：一个人的智力胜过他的弟弟不如哥哥，即“胜弟亚哥”。现在，你记住智利的首都名称了吗？

英语单词

难度等级 ★☆☆☆☆

sunflower（太阳＋花）向日葵

stepmother（上前一步＋妈）后妈

stepfather（上前一步＋爹）后爹

brotherinlaw（兄弟＋在……内＋法律）姐（妹）夫

sisterinlaw（姊妹＋在……内＋法律）嫂嫂，弟媳

tablecloth（桌子＋布）桌布，台布

智解“申”字

难度等级 ★★★☆☆

老师写出“申”字，请小明解答：“‘申’字里包含多少个汉字？”小明很快说出23个。即：一、二、三、十、工、土、士、王、干、丰、口、日、曰、田、由、甲、申、山、上、中、七、击、旧。然后得意地问老师：“我的回答全面吗？”老师只是点点头，没有回答。

请问，小明的回答全面吗？

孔子猜谜

难度等级 ★★★☆☆

有一天，孔子到乡村去讲学，走累了，就在一口水井边休息。这时候，有个老农挑着一副担子，也来到水井边休息。他站在井边，把扁担搁在井口上，然后问孔子：“我有一个字想请教先生。”孔子问：“是哪个字？”老农说：“就是我的动作呀！”孔子看了看，马上就笑着说：“这很简单，井口搁一条扁担，当然是中庸的中字啊！”那老农也大笑说：“先生是见物不见人，你猜错啦！”孔子认

真一想，发现自己确实错了，心里后悔极了。

管　家

难度等级　★★☆☆☆

这天，老管家就要走了，他准备将结好的账交给来接手的新管家。他们二人刚交接完，王员外走了进来，坐在新管家搬过来的椅子上，他说："你是新来的，那我出道题考考你，让老管家帮忙看看，你合格当管家管账不？"随手将老管家的毛笔往算盘上一放，"古人留下一座桥，一边多来一边少，少的要比多的多，多的反比少的少。"

新管家听完，恭恭敬敬地答道："老爷，是这样的：五男二女分家，打得纷乱如麻，欲问何时了结，直到清明方罢。"

说完，老管家马上向员外说道："恭喜老爷！合格，合格。"

请猜猜，他们在说什么谜？

加字得字

难度等级　★★★☆☆

在下面各组 4 个字的中心填入一个适当的字，使其分别组成另外 4 个新字。

(1)

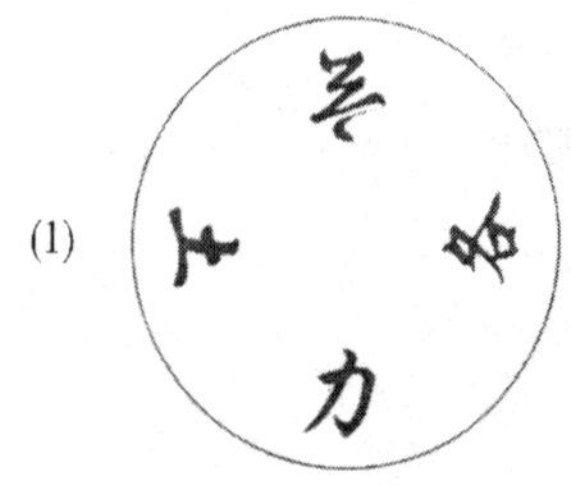

(2)

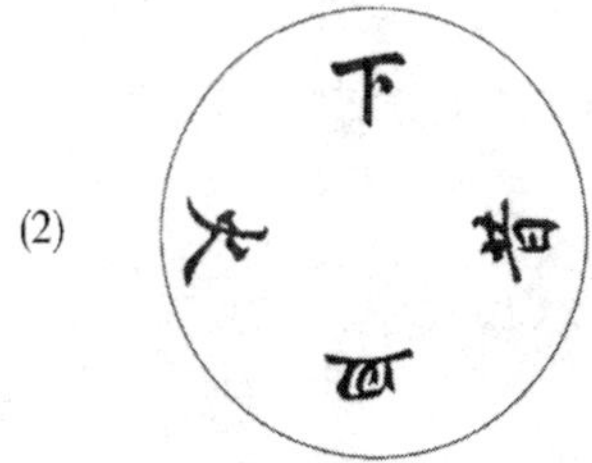

(3)

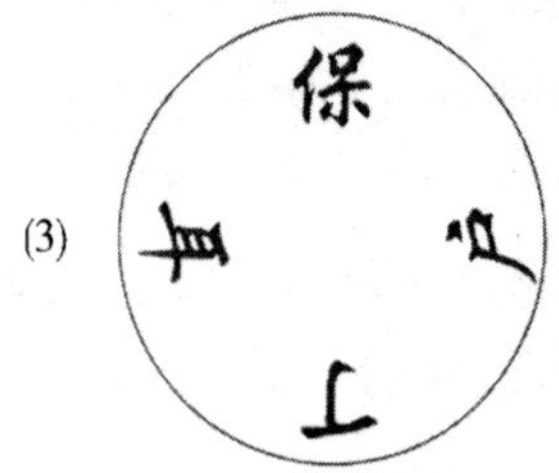

(4)

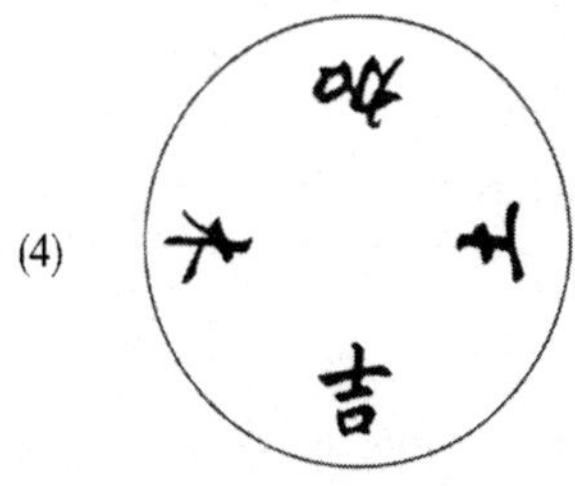

图像字谜

难度等级 ★★★☆☆

打一字

宇文士及死里逃生

难度等级 ★★★☆☆

隋末，宇文化及缢杀隋炀帝、毒杀少帝杨浩后，自己当了皇帝。一时，天下大乱，群雄四起。杨义臣与宇文化及的弟弟宇文士及是好朋友。一天，他派人给宇文士及送来一个泥封瓦罐。宇文士及端详着瓦罐，又揭开泥封的盖子，里面只有三样东西：一颗红枣，一条当归，一块饴糖。他怎么也猜不透老友所指意思如何。为难之际，他胞妹宇文淑姑来了。她听说是杨义臣送来的，立即明白了其苦心所在。她对哥哥说："俗话说，瓦罐不离井上破。因此，这是杨先生暗示你尽早离开是非之地，否则会有杀身之祸。至于三样物品，是要你赶快投奔某个人，此人哥哥是认识的。"宇文士及经妹妹的提示、劝告，马上收拾了行李，并带上淑姑，一同投奔保护人去了。你知道物、人各指什么？

看棋局，猜成语

难度等级 ★★★☆☆

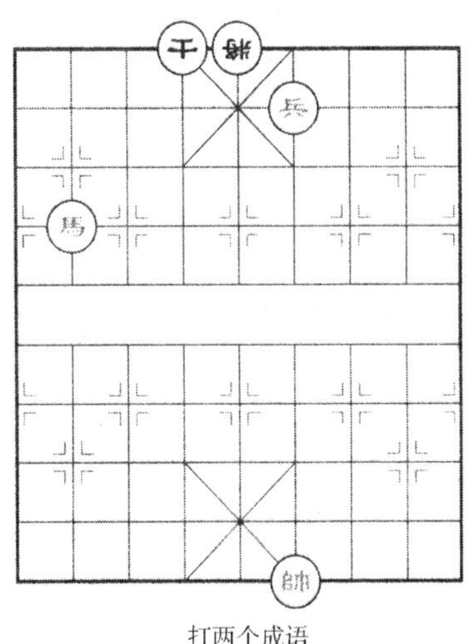

打两个成语

看棋局，猜地名

难度等级 ★★★☆☆

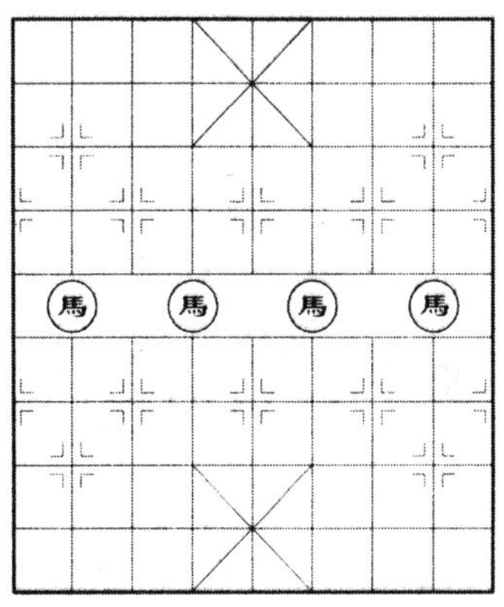

数学名词谜

难度等级 ★★★★☆

（1）五四三二一

（2）两边清点

（3）岁岁重阳今又重阳

（4）车站告示

（5）待命冲锋

（6）协议离婚

（7）五角

（8）员

（9）保持距离，同时起飞

（10）互盼

（11）再见吧，妈妈

（12）大同小异

（13）一元钱

（14）最高峰

（15）七天七夜

（16）彼此盘问

你能写出这些谜底吗？

成语算式

难度等级 ★★★★☆

下图是两盏数字灯，请你用适当的数字填空，使竖列的4个字组成成语，横排的数字组成正确的数学等式。

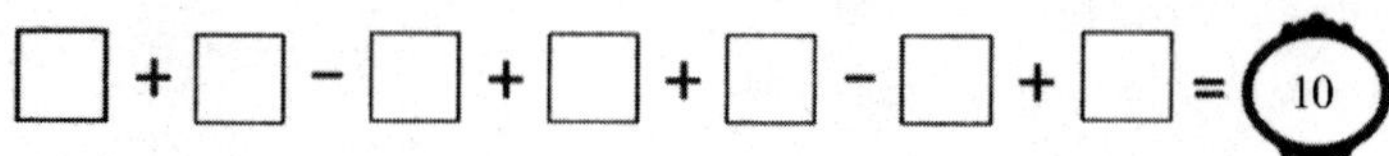

□ + □ − □ + □ + □ − □ + □ = 10

心	面	令	分	花	街	上	

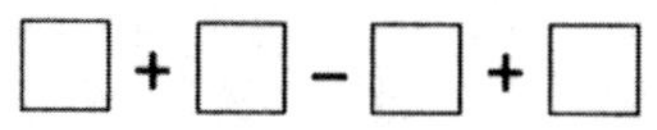

□ + □ − □ + □ + □ − □ − □ = 1

意	刀	申	裂	门	市	下	

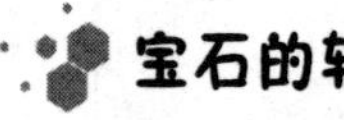

宝石的轨迹

难度等级 ★★★★☆

（1）如果把边缘镶有一颗宝石的轮子放在一个平面上（如图所示），并使轮子在平面上滚动起来，那么，宝石在轮子滚动时留下的轨迹是什么

样子的呢？

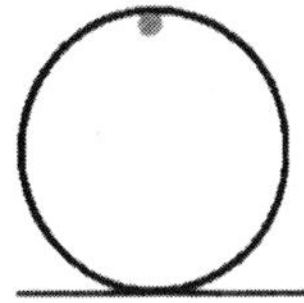

（2）如果让镶有一颗宝石的轮子在大铁圈内侧滚动（如图所示），宝石在轮子里滚动时留下的轨迹是什么样子的呢？

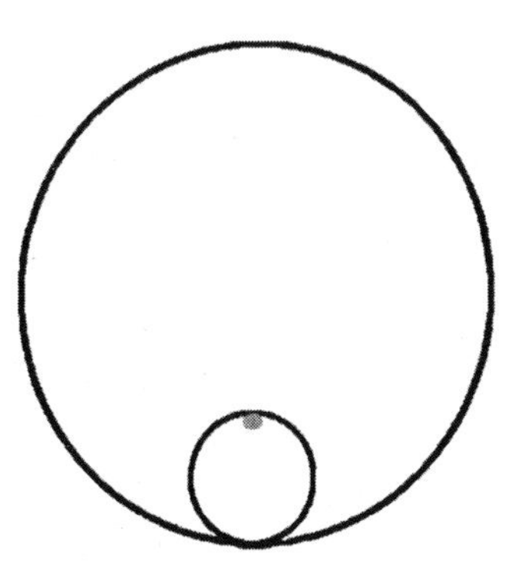

词语猜谜

难度等级 ★★★★☆

词语一：法国大革命。

词语二：广播。

词语三：塞纳河。

词语四：建筑。

你能猜出与这四个词语有关的事物或概念吗？

艺术果皮

难度等级 ★★★☆☆

假如把苹果皮按一定宽度连续削下来（中间不能断），并平放在桌面上，它应该是什么形状呢？

翻动的积木

难度等级 ★★★☆☆

下图中是一块正方体的积木，积木的各个面上分别标着 1 ~ 6 六个数字。1 的对面是 6，2 的对面是 5，3 的对面是 4，如下图所示。如果沿着箭头指引的方向翻动这块积木，那么，最后朝上的一面是几？

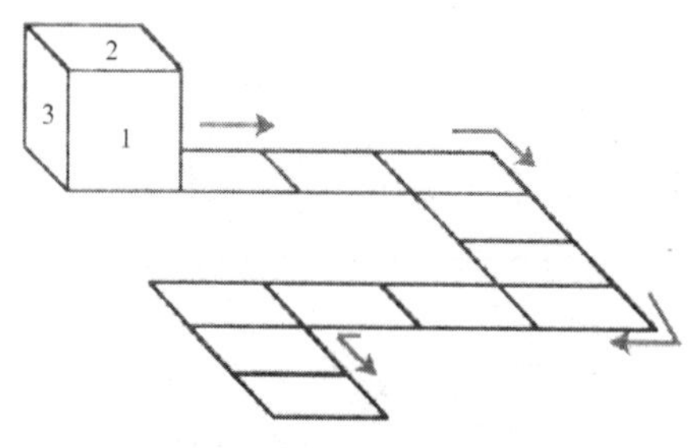

纸环想象

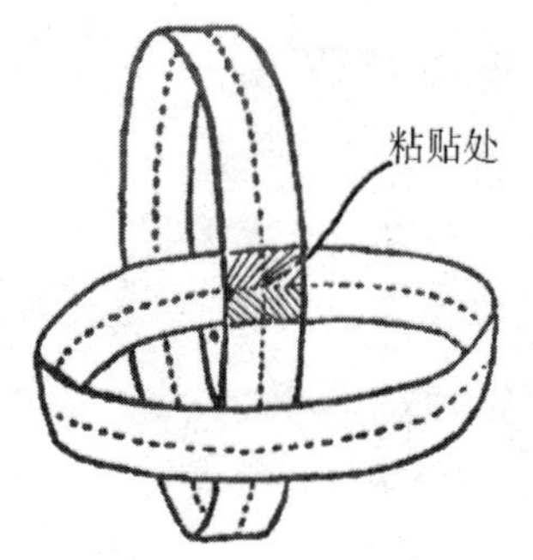

难度等级 ★★★★☆

用两条宽度和长度相同的纸带做成两个圆环。把这两个圆环相互黏在一起，然后沿虚线剪开来，如上图所示。

请问：剪开之后的形状是什么样子？

单 摆

难度等级 ★★★☆☆

下图中是一个单摆，绳子的一头系着一个小球。如果当球摆动到最高点的一刹那，绳子突然断了，那么，小球将如何落下？

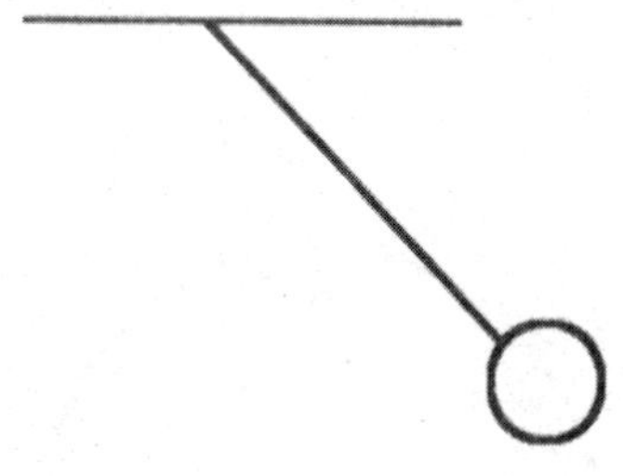

诗中游

难度等级 ★★★☆☆

甲旅游回来后，乙问他都去了哪些地方。甲说："海上绿洲，风平浪静，银河渡口，巨轮启动，不冷不热的地方，四季花红。"一开始，乙有些摸不着头脑，不知道甲究竟到过哪里。经甲的启发，乙终于猜出了甲到过的 6 座城市。

猜猜看：甲去了哪 6 座城市呢？

照片的顺序

难度等级 ★★★★☆

某人到郊外去钓鱼，他钓鱼的方法非常特别：将一只雨靴挂在渔线上，投入河中，过一段时间后把雨靴拉起来。这种奇怪的钓鱼方法引起了一位摄影爱好者的兴趣，他把那个人钓鱼的整个过程都拍了下来。不过，摄影爱好者不小心把照片的顺序弄乱了，你能给 A、B、C、D 四幅照片排出正确的顺序吗？

以谜对谜

难度等级 ★★★★☆

宋代有个大文人名叫黄庭坚，他七岁的时候就会写诗，后来名气越来越大。史学家司马光想请黄庭坚来做助手，便邀请他来家里做客，实际上是要考考他。

和黄庭坚聊天时，司马光随口念了两句诗谜：“荷花露面才相识，梧桐落叶又离别。”黄庭坚马上挥笔，也写了一首诗谜：“有户人家没有墙，英雄豪杰内中藏。有人看他像关公，有人说是楚霸王。”司马光一看，连声说好。

你能猜出这两则谜语的谜底是什么吗？

文字迷宫

难度等级 ★★★★☆

下图是一个由 63 个字组成的文字迷宫。要求将“起点”作为入口、“终点”作为出口，所走的相邻两个字能连成一个词，且只能横走或竖走，不可斜走。

请问：怎样才能走出这个迷宫？

齐白石题字喻客

难度等级　★★★☆☆

著名书画家齐白石晚年时，每天都有很多人来拜访他，这使他总是没有足够的时间休息，很是烦恼。后来，齐白石想出了一个好办法。

有一天，几个学生又来拜见齐白石。他们刚想敲门，却看见门上写着一个“心”字。他们觉得奇怪：这个“心”字是什么意思呢？这时，有一个学生忽然说：“我明白啦!”说着，他连门也没敲，拉着同伴就离开了。第二天，他们又来到齐白石家门前，只见门上换了一个“木”字。大家高兴极了，马上敲门进去，拜见了齐白石。

你知道学生们为什么那样做吗？

巧读宝塔诗

难度等级　★★★☆☆

你知道这首诗应该怎样读吗？

开
山满
桃山杏
山好景山
来山客看山
里山僧山客山
山中山路转山崖

片名改错

难度等级　★★★★☆

表中的每一个影片名中都有一个错字。请更正影片名，并根据其意思填出一个成语。

	错误片名	更正片名	猜填成语
例	《陈奂中上城》	《陈奂生上城》	无中生有
1	《小二白结婚》		
2	《张二嫂改嫁》		
3	《煤店旧主人》		
4	《十二次列卒》		
5	《但愿己长久》		
6	《伪是烦死人》		
7	《激战实名川》		
8	《长虹号起生》		
9	《最聪暗的人》		
10	《英雄坦克病》		

象棋成语

难度等级　★★★★☆

下图是一个象棋棋盘，请你在每个空白棋子上填入一个适当的字，使横排、竖列的相邻四个棋子均能够组成一个成语。

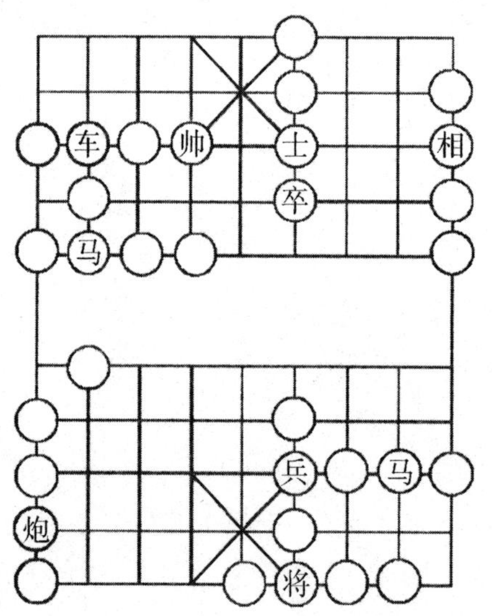

板桥题匾

难度等级 ★★★☆☆

清乾隆年间，有一个充当衙门走狗的土财主，他虽然胸无点墨，却爱附庸风雅。有一天，他请郑板桥为自己题字。

依郑板桥的脾气，即使那个财主搬一座金山来，他也不会为财主写一个字。但这一次，郑板桥却欣然应允，提笔写了“雅闻起敬”四个大字。郑板桥题字前提了一个条件，那就是制匾时，对其中的第一个、第三个、第四个字只漆左边，对第二个字“闻”则只漆“门”这个部首。

听说郑板桥肯为自己题字，土财主高兴极了，想也没想便答应了郑板桥的要求。

“雅闻起敬”的门匾很快挂起来了。但挂的时日不多，财主就不得不把它摘下来，因为匾上的四个字已成为讽刺他的一句话。

你知道其中的奥秘吗？

两岁山

难度等级 ★★★☆☆

在某个国家里，有一座高山，海拔为 12365 英尺，当地人依此数据称它为“两岁山”。请问是什么原因呢？

成语接龙

难度等级 ★★★★☆

下面是由 60 个汉字组成的成语迷宫，以“山”字作为入口，以“福”字作为出口。要求每四格为一成语，且上一成语的词尾与下一成语的词头是同一个字；可上下左右走，不可重走和斜走。

请问应该如何走？

入口

山	[illegible]	力	而	惊	人	天	久	别	重
穷	水	尽	为	鸣	定	胜	地	因	连
水	尽	心	人	一	如	天	长	化	古
所	力	尽	[illegible]	表	里	安	[illegible]	天	人
能	及	竟	泰	出	事	无	事	[illegible]	天
福	得	祸	因	有	己	关	不	安	[illegible]

出口

答案与提示

柜子里的秘密

密码是 CREATIVITY，如图所示。

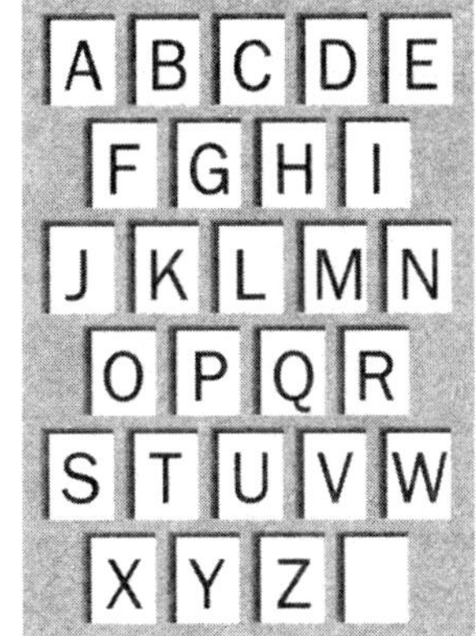

11 的一半

罗马数字中的 11 就是这样的，如下图所示。

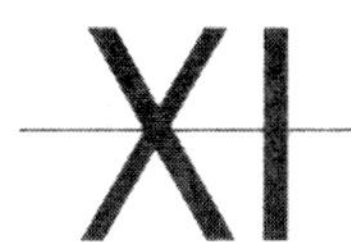

历史人物歇后语

（1）郭子仪（2）华佗（3）王佐（4）孙武（5）司马昭（6）赵匡胤（7）姜太公（8）梁红玉（9）诸葛亮（10）包公、包勉（11）杨五郎（12）赵子龙（13）唐僧（14）韩信（15）穆桂英（16）袁世凯（17）孔夫子（18）鲁智深（19）林冲（20）周瑜

借还是不借

肯（正字去掉一是“止”，与“月”组合）。

地名和成语

后来居上 海外奇谈 志同道合 肥田沃土 人定胜天 津津乐道 海北天南 昌明大义 气壮山河 北讨南征 作威作福 州官放火 源远流长 春风化雨 语重心长 沙里淘金 声东击西 安邦治国 坐北朝南 宁死不屈 文东武西 宁为玉碎 见多识广 州如斗大 同舟共济 南征北战 荣华富贵 阳关大道

魏、蜀、吴三国建国年代

这样理解就可以找到答案：“曹丕喂（魏）洛羊（阳），一天二两（22）饼（0）”。同理可记：“刘备守（蜀）成都，一天二两（22）药（1）”；“孙权建吴业（建业），一天

二两（22）酒（9）”。意思是，公元220年，曹丕建魏，定都于洛阳；公元221年，刘备在成都建立蜀国；公元222年孙权建吴，迁都于建业（今江苏南京）。

汉代三次农民起义

一是公元17年发生的绿林起义；二是公元18年发生的赤眉起义；三是公元184年发生的黄巾起义。

用联想法记忆地名

略。

英语单词

略。

智解“申”字

还不全面。还有一个“古”字，一共25个字。

孔子猜谜

提示很明显了——“仲”。

管　家

算盘。

加字得字

（1）田（畜、里、略、男）；（2）虫（虾、烛、蜡、蛊）；　（3）火（煲、耿、炉、灯）；　（4）木（架、林、杜、桔）。

图像字谜

权。

宇文士及死里逃生

三物是隐喻：早（红枣）归（当归）唐（饴糖），唐，指唐王李渊。

看棋局，猜成语

兵临城下，马到成功

看棋局，猜地名

罗马、河内（别解为：把棋子“马”网罗于“河界”之内。）

数学名词谜

（1）倒数；（2）分数；（3）循环节；（4）乘法；（5）等号；（6）约分；（7）半圆；（8）圆心；（9）平行；（10）相等；（11）分母；（12）近似值；（13）百分数；（14）顶点；（15）周长；（16）互质。

成语算式

竖列答案：一心一意、两面三刀、三令五申、四分五裂、五花八门、六街三市、七上八下、十寒一曝。

横排等式：

$1+2-3+4+5-6+7=10$

1 +3 −5 +5 +8 −3 −8 =1

宝石的轨迹

(1) 答案如下图:

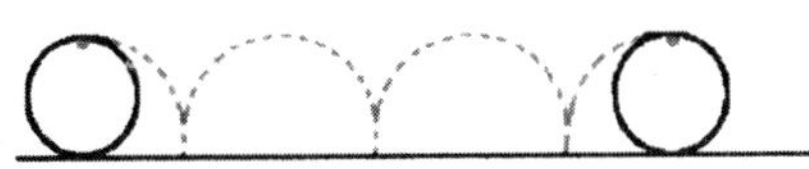

(2) 答案如下图:

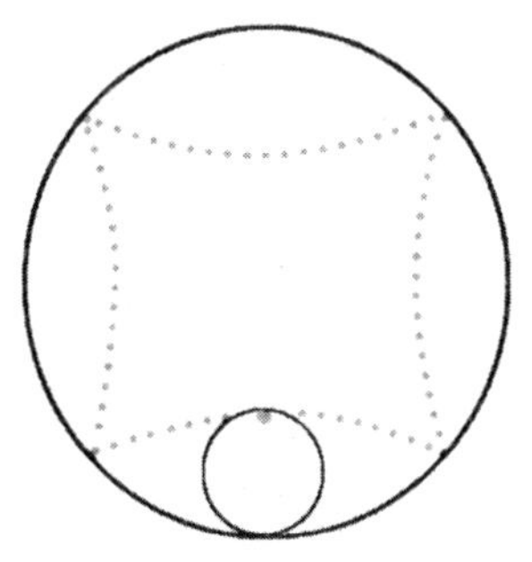

词语猜谜

埃菲尔铁塔。

埃菲尔铁塔原为庆祝法国大革命(1789 年) 100 周年举办的博览会而建造，符合词语一的描述；1951 年，铁塔顶层增设广播天线，兼用于广播事业，符合词语二的描述；埃菲尔铁塔位于巴黎塞纳河左岸，符合词语三的描述；埃菲尔铁塔是巴黎的标志性建筑之一，符合词语四的描述。

艺术果皮

解答这一问题时，我们不可能拿一个苹果来现场做实验，因为那样太浪费时间了，而且达不到锻炼思维的目的。在这种情况下，只能充分发挥我们的想象力了。

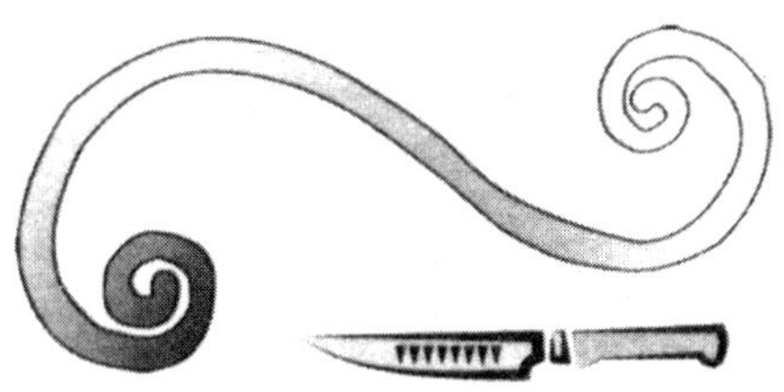

翻动的积木

最后朝上的一面是5。

纸环想象

剪开后是一个正方框，形状如下图所示。

单　摆

当球摆动到最高点的一刹那，球既不再向上，也不再向下摆动，而是垂直下落。

诗中游

青岛、宁波、天津、上海、温州、长春。

照片的顺序

正确顺序是 BADC。

从 D 图可见渔竿弯曲，证明雨靴里装了水；从 C 图可见水桶往外洒水，说明钓鱼人满载而归。

以谜对谜

两人所说的都是扇子。司马光说的是扇子的使用时间。黄庭坚诗句中提到的关羽、项羽，都是羽，羽在户下边，就是“扇”。

文字迷宫

起点—点头—头脑—脑袋—袋口—口信—信念—念书—书生—生活活字—字体—体格—格言—言论—论文—文章—章节—节省—省亲—亲笔—笔展—展开—开始—始终—终点

如下图：

齐白石题字喻客

门上写“心”字，就是“闷”字，表示主人心情不好，不想被打扰。门上写“木”字，就是“闲”字，表示主人现在闲着，可以接待来客。

巧读宝塔诗

山中山路转山崖，山客山僧山里来。山客看山山景好，山桃山杏满山开。

片名改错

	错误片名	更正片名	猜填成语
例	《陈奂中上城》	《陈奂生上城》	无中生有
1	《小二白结婚》	《小二黑结婚》	颠倒黑白
2	《张二嫂改嫁》	《李二嫂改嫁》	张冠李戴
3	《煤店旧主人》	《煤店新主人》	喜新厌旧
4	《十二次列卒》	《十二次列车》	丢卒保车
5	《但愿己长久》	《但愿人长久》	舍己为人
6	《伪是烦死人》	《真是烦死人》	去伪存真
7	《激战实名川》	《激战名川》	有名无实
8	《长虹号起生》	《长虹号起义》	舍生取义
9	《最聪暗的人》	《最聪明的人》	弃暗投明
10	《英雄坦克病》	《英雄坦克手》	手到病除

象棋成语

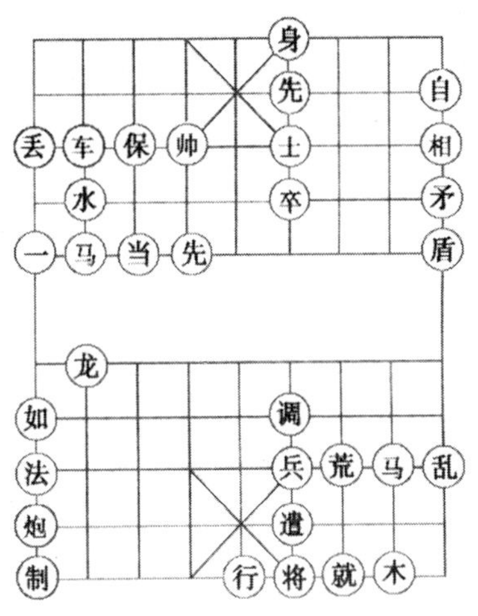

板桥题匾

按郑板桥的要求漆完后，“雅闻起敬”四个字就成了“牙门走苟”，就是“衙门走狗”的谐音。

两岁山

当地人将最前面的“12”当做12个月，把后面的“365”当成一年的365天。因此前后相加，正好是“两岁”。

成语接龙

山穷水尽—尽力而为—为人师表—表里如一——一鸣惊人—人定胜天—天长地久—久别重逢—逢凶化吉—吉人天相—相安无事—事出有因—因祸得福。

谐音记忆法的训练游戏

字与字的读音相同或相似，就叫谐音。所谓谐音记忆法就是借助谐音，把有些知识按照其他同音汉字去理解，使原来无意义的音节变成有意义的词句，使之生动有趣，提高对所记内容的兴趣。或者赋予材料以引人入胜的意义，加强大脑皮层的兴奋度，从而收到简便记忆而经久难忘的效果。

谐音不仅可以用于文字，也可以通过谐音双关的方法，可以把枯燥乏味的数字变成饶有风趣的语言，甚至外语单词也可以变得更加好记。

这个章节里有各种学科知识的谐音记忆实例游戏，你可以和朋友以问答的形式开展谐音训练，希望你也会编出独特的谐音，记住那些难记的知识吧！

物理公式

难度等级　★★★☆☆

“大不了，又挨踢”“爱神丘比特”可以说明两个物理公式，你知道是指哪两个吗？

绝对值不等式的解集

难度等级　★☆☆☆☆

$|x|>a$ 的解集：$x>a$ 或 $x<-a$；

$|x|<a$ 的解集：$-a<x<a$

可用谐音法记作：“大鱼取两边，小鱼取中间”。同时联想到吃大鱼只吃两边的肉，吃小鱼掐头去尾只吃中间。你记住了吗？

溶　解

难度等级　★★★☆☆

无锡花伞——物吸化散。你可以解释这个现象吗？

长江和地球

难度等级　★☆☆☆☆

长江的长度是“溜山洞洞”——6300 千米；

地球的表面积为“地球穿着有污点的衣服”——51 亿平方公里。

记住了吧，是不是再也忘不了呢？

历史年代

难度等级　★★★☆☆

知道下面这些句子暗含的历史事件吗？

（1）公元前的人，早上吃 2 个蛋，晚上吃 7 个蛋——吓人；

（2）要留洞洞，身上捅几刀——受伤了；

（3）要冻死的牛，身上起鸡皮疙瘩；

（4）气气你，春秋诸侯争霸令周天子生气；

（5）战国战争破坏性更大，死七虎；

（6）商鞅变法中承认土地私有，有的人土地增多了，要三头母牛一起耕地才耕得完；

（7）秦始皇统一六国太辛苦，按按腰，做按摩；

（8）刘邦攻入咸阳后娶了 20 个

妻（假想）；

(9) 刘邦的20个妻子为他生了20个儿子（假想）——稀罕；

(10) 五只蚂蚁在身上很痒；

(11) 李渊见糖（建唐）搂一把(618)；

(12) 赵匡胤当上皇帝，有人白送96个蛋给他表示祝贺；

(13) 只要动牛厩，就能在牛厩下面安石头；

(14) 靖康之变中，北宋皇帝被俘，望着自己的国都依依不舍而去；

(15) 忽必烈为建立元朝太忙了，没照顾好自己的幺儿，幺儿生病了，叫“幺儿吃药，元朝建立”；

(16) 忽必烈灭掉南宋后陪“幺儿骑牛”表示庆祝；

(17) 天已经很明亮了，他问自己“要上路吧”？

(18) 清军入关一溜死尸；

(19) 一代霸王洪秀全武艺棒棒棒；

(20) 中日甲午战争，一拔就死；

(21) 马关的花生——一扒就捂(霉变)；

(22) 戊戌变法，要扒酒吧；路遥遥，酒两舀。

马克思

难度等级 ★★★☆☆

“一爬一爬，一爬爬上山”是关于马克思的一件事的谐音口诀，你知道具体指什么吗?

八国联军（1）

难度等级 ★★★☆☆

八国联军进北京，正赶上光绪皇帝的亲爸爸——慈禧要死，喝了两瓶药酒没顶用。你知道这是什么意思吗?

八国联军（2）

难度等级 ★★★☆☆

根据“鹰日夜咬我，没得法”写出八国联军的国家名。

新文化运动

难度等级 ★★★☆☆

根据“葫芦里盛菜”写出新文化运动的代表人。

通讯号码

难度等级 ★★★☆☆

小明和小叶在一家服装店门口分手回家，约好明天一起看电影，为了方便联系互换了电话号码，小明说：“我家的电话号码很好记，你记住‘二流子一天三两酒’就行了。”小叶笑着指着一件衣服说：“这件衣服虽然少点派，但我就是要。”然后就走了，留下一头雾水的小明，你知道他们两个的电话是多少吗？

数字密码

难度等级 ★★☆☆☆

请你以最快的速度翻译这些关于爱的数字密码。

019425，02825，03456，0451392，04517，04527，04535，04551，0456，04567，0457，045692，0487，0487561，0564335，0594184，065，6537

元素周期表

难度等级 ★★☆☆☆

第一周期：轻嗨

第二周期：狸皮捧炭，蛋养佛奶

第三周期：拉美旅归林柳绿呀

第四周期：贾盖扛袋烦落猛，铁箍裂桶新家者，身洗臭壳

第五周期：如果已告你目的，钌铑把人隔音息，涕地点三

第六周期：塞被拦河旦勿来，俄依铂金供他钱必破挨轰；南市普女叵煞有，扎特敌火耳丢一了

第七周期：防雷啊！阿土扑油拿布抹，镉被开开废门喏牢

刘志丹生卒年

难度等级 ★★☆☆☆

刘志丹是栋梁（03），战死在山路（36）上。从这句话你可以推断出刘志丹的生卒年吗？

吃酒和宇宙速度

难度等级 ★★☆☆☆

看下面的对话，写出宇宙速度的数值，你能想到么？

“吃点酒吗？”

“要一点儿，另外，还要留点吃。”

有趣的词

难度等级 ★☆☆☆☆

（1）假设——假射——假装射球；

（2）评价——放苹果的架子；

（3）自下而上——走楼梯；

（4）结论——结轮——树上结的不是果实是轮子；

（5）思维变迁——思维变钱——人变魔术，思考一下，头脑中就变出钱来。

一首小诗

难度等级 ★★☆☆☆

爸爸死爬珠峰巅，（8848 米）姨舞舞进吐鲁番。（ -155 米）

大陆海岸一把钱，（18000 千米）京杭运河少一环。（1800 千米）

贝加尔湖最深处，一溜环环落到底。（1600 米）

这首诗暗含了一些地理数据，你看出来了吗？

英国的历史事件

难度等级 ★★☆☆☆

一路把酒欢歌，共庆君主立宪制度确立；英国工业资产阶级摇着一把扇儿去参加议会大选。这句话暗含英国历史上两件重要的事件，你知道吗？

关于德国统一

难度等级 ★★☆☆☆

一霸统一，引起起义；没地方生存，发动三次王朝战争。看出这句话与德国统一有什么关系吗？

复述数字

难度等级 ★★☆☆☆

5

36

985

8 134

03 865

173 940

8 377 291

34 820 842

649 320 048

9 385 726 283

83 721 547 497

932 624 499 284

4 872 058 713 339

93 810 492 248 113

837 295 720 488 820

9 285 720 683 004 826

59 275 028 148 532 811

请你的朋友以正常说话的速度念一遍以上这些数字，然后你凭记忆依次一排排说出数字，看看你能记住多少数字。

一组英语谐音记忆

难度等级 ★☆☆☆☆

（1）scowl 皱着眉头（谐音：思考，思考的时候当然皱着眉头啦）

（2）tout 劝诱（谐音：套他）

（3）jabber 说话不清楚（谐音：结巴）

（4）rifle 抢劫（谐音：莱福，莱福枪嘛）

（5）chap 皮肤龟裂（谐音：扯破）

（6）limbo 不稳定、模糊状态（谐音：凌波微步，想象那个用凌波微步前进的人是很模糊的）

（7）shun 闪避（谐音：闪 ）

（8）ponderous 笨重的（谐音：胖得要死 ）

（9）dart 飞镖（谐音：打他，可以配合扔飞镖的动作来读）

（10）lassitude 没精打采的（谐音：懒散态度）

（11）lynch 私刑处死（谐音：凌迟 ）

（12）boff 狂笑（谐音：暴富，想想哪天暴富了还不会狂笑吗）

（13）sanguine 面色红润的（谐音：三桂呢？这个单词很好玩，想象一下，吴三桂的老婆陈圆圆站在门口，小脸红红的问一屋子男人，三桂呢？）

（14）exhaust 筋疲力尽的（谐音：一个早死的他）

（15）sting 蛰咬（谐音：死叮 ）

（16）coffin 棺材（谐音：靠坟，棺材就是靠着坟的嘛）

（17）curse 诅咒（谐音：克死 ）

（18）ambition 雄心勃勃，野心（谐音－俺必胜！）

（19）azalea 映山红（谐音：啊咋了啊？想象女生摘映山红的时候突然被扎了一下，叫了一声，男生就说“啊，咋了啊？”）

19 个单词你记住了吗？

太平天国永安封王

难度等级 ★★★☆☆

有人把太平天国的五王记作“东洋消息，云南北纬有一块小石头”，你觉得贴切吗？

第一次鸦片战争

难度等级 ★★★☆☆

“陈吴关门搞定”是第一次鸦片战争中壮烈捐躯的清朝爱国将领，你知道都有谁吗？

背数字

难度等级 ★★★★☆

从前有个爱喝酒的私塾先生，一天他给学生们布置了一个任务：背一长串数字，并宣布放学前考试，背不出不得回家，说罢就走了。学生们看着一长串的数字，个个愁眉苦脸。一些学生摇头晃脑地背起来，还有一些顽皮的学生揣好题单，溜出私塾，跑上后山去玩。

忽然，他们发现先生正与一个和尚在山顶的凉亭里饮酒作乐，就扮着鬼脸，钻进了林子。夕阳西下，老师酒足饭饱，回来考学生。那些死记硬背的学生结结巴巴、张冠李戴，而那些顽皮的学生却背得清脆圆顺，弄得老师莫名其妙。

原来，在林子里玩耍时，有个聪明的学生把要背诵的数字编成了谐音咒语：“山巅一寺一壶酒，尔乐苦煞吾，把酒吃，酒杀尔，杀不死，遛尔遛死，扇扇刮，扇耳吃酒。”一边念，一边还指着山顶做喝酒、摔死、遛弯、扇耳光的动作，念叨了几遍，终于都把它记住了。你知道私塾先生让同学们背的是什么数字吗？

答案与提示

物理公式

大不了，又挨踢——电功的公式 $W=UIt$；爱神丘比特——电流强度公式 $I=Q/t$

绝对值不等式的解集

略。

溶　解

物质溶解于水，通常经过两个过程：一种是溶质分子（或离子）的扩散过程，这种过程为物理过程，需要吸收热量；另一种是溶质分子（或离子）和水分子作用，形成水合分子（或水合离子）的过程，这种过程是化学过程，放出热量。

长江和地球

略。

历史年代

（1）公元前2070年，夏朝建立；

（2）公元前1600年，商朝建立；

（3）公元前1046年，姬昌、姬发建立西周；

（4）公元前770年，春秋、东周开始；

（5）公元前475年，战国开始；

（6）公元前356年，商鞅变法开始；

（7）公元前221年，秦朝建立；

（8）公元前207年，刘邦攻入咸阳，秦朝灭亡；

（9）公元前202年，西汉建立；

（10）581年，杨坚建立隋朝；

（11）618年，李渊建立唐朝；

（12）960年，北宋建立；

（13）1069年，王安石变法；

（14）1127年，靖康之变，北宋灭亡，南宋开始；

（15）1271年，元朝建立；

（16）1276年，南宋灭亡；

（17）1368年，明朝建立；

（18）1644年清军入关造成尸横遍野；

（19）1851年1月11日，洪秀全发动金田起义；

（20）中日甲午战争爆发于1894年；

（21）《马关条约》1895年签订；

（22）1898年6月11日至9月21日，历时103天的戊戌变法。扒酒吧，即1898年；路遥遥，即6月11日；酒两舀，即9月21日。

马克思

指马克思生于1818年，逝世于1883年。

八国联军（1）

八国联军1900年8月14日进北京。光绪皇帝的亲爸爸——慈禧要死，即爸要死（8月14日），两瓶即两“0”，药酒即“19”，合起来为1900。

八国联军（2）

八国联军中的八国：鹰（英国）日（日本）夜（意大利）咬（奥匈帝国）我（俄国），没（美国）得（德国）法（法国）。

新文化运动

葫——胡适，芦——鲁迅，里——李大钊，盛——陈独秀，菜——蔡元培。

通讯号码

小明的电话号码是2641329，小叶的电话号码是3145941（少点派即π=3.14变通为314）。

数字密码

你依旧是爱我，你爱不爱我，你相思无用，你是我一生最爱，你是我氧气，你是我爱妻，你是否想我，你是我唯一，你是我的，你是我老妻，你是我妻，你是我的最爱，你是白痴，你是白痴无药医，好无聊时想想我，你我就是一辈子，原谅我，你惹我生气

元素周期表

第一周期：轻嗨告诉我们一个喜讯，记住元素周期表并不难——氢氦；

第二周期：前面一句是用狐狸皮捧炭；后一句表述一个真理，凡是蛋里孵养出来的都不吃奶——锂铍硼碳，氮氧氟氖；

第三周期：一个人从拉丁美洲旅行回来，看到路旁绿柳成荫，由衷地发出感慨，林柳绿呀——钠镁铝硅，磷硫氯氩；

第四周期：名叫贾盖的人扛袋子累了，心里烦躁，把袋子摔落到地上，气势很猛；带铁箍的裂桶是新搬来的人家的，从身上洗去臭壳——钾钙钪钛钒铬锰，铁钴镍铜锌镓锗，砷硒溴氪；

第五周期：如果让你思考一个问题，却又把答案告诉你了，那就没有什么目的了；钌锝把人锁住，与外界隔断了音息，他心里难过，涕泪掉到地下三点——铷锶钇 铌钼锝，钌铑钯银镉铟锡，锑碲碘氙；

第六周期：前一句意思是要用塞棉被的办法把河流拦起来，这种蠢事“且勿来”不要去干，俄国依靠铂金供他钱用，这样下去必定破产挨轰——铯钡镧铪钽钨铼，锇铱铂金汞铊铅，铋钋砹氡；后一句意思是南市场上一位女人颇为富有，和一个叫扎特的敌人打仗丢掉一个了，是指15个镧系元素——镧铈镨钕钷钐铕，钆铽镝钬铒铥镱镥；

第七周期：“防雷啊”是对我们的一个警告——钫镭锕，后一句的意思是阿土这个人扑到油上弄脏了，拿布揩抹，门锁（锔）就开了，因为是破废之门，不牢靠，是指15个锕系元素——锕钍镤铀镎钚镅，锔锫锎锿镄钔锘铹。

刘志丹生卒年

刘志丹生于1903年，死于1936年，这句话正符合刘志丹是无产阶级革命家，在战斗中不幸牺牲的史实。

吃酒和宇宙速度

第一宇宙速度7.9km/s

第二宇宙速度11.2km/s

第三宇宙速度16.7km/s

有趣的词

略。

一首小诗

珠峰高8848米，吐鲁番海拔-155米，大陆海岸线长18000千米，京杭运河长约1800千米（少一环是指少个零），贝加尔湖最深处是1600米。

英国的历史事件

1689年颁布《权利法案》，标志着君主立宪制确立。1832年英国议会改革，工业资产阶级可以参与议会选举。

关于德国统一

1871年巴黎公社起义，其战争对手是没（丹麦）地（奥地利）方（法国）。

复述数字

记忆数字时要发挥你的想象力，可以利用数字的谐音或形状联想记忆。

一组英语谐音记忆

略。

太平天国永安封王

贴切，太平天国在永安封王建制，东王杨秀清、西王肖朝贵、南王冯云山、北王韦昌辉、翼王石达开，分别取其中的一个字，再根据谐音，东杨（东洋）肖西（消息）云南北韦（纬）翼石（一石），连在一起就是："东洋消息，云南北纬有一块小石头"。

第一次鸦片战争

陈化成、关天培、葛云飞关。关天培是在虎门英勇抗敌，就简称为"关门"；葛云飞在定海简称"葛定（搞定）"；陈化成在吴淞简称"陈吴（陈胜、吴广）"。

背数字

是圆周率小数点后30位，3.141592653589793238462643383279。

歌诀记忆法的训练游戏

歌诀记忆法就是把需要记忆的对象利用音韵编成“顺口溜”，或者合辙押韵的句子，融知识性与趣味性于一体，读起来朗朗上口，易诵易记，节约时间，效果明显。

歌诀记忆法的主要特点是：趣味性强、易于诵读、方便记忆。其功能体现在：①简化复杂的识记材料，缩小记忆对象的绝对数量，增大信息浓度，减轻大脑负担；②增强零散、少联系或无联系的识记忆材料之间的联系，使本来只能用机械方法记忆的内容变得更易记忆。

毫无疑问，歌诀记忆法对提高记忆效率有着重要的作用，编制歌诀要注意：①歌诀要能抓住记忆材料本身的特征，反映材料本身最主要最基本的内容。②歌诀要符合自己的记忆任务。③歌诀本身要自然、简洁、容易上口，有节奏感、音乐感。

希望通过本章的训练，你也能编出贴切的歌诀帮助自己的学习和工作。

我国邻国三字经

难度等级 ★★★☆☆

陆上邻：朝俄蒙、哈吉塔，反时数（按反时针方向依次数）；阿巴印、尼和不、缅老越，要记熟；隔海望，有六近，韩日菲、马文印。

看了这个三字经，你能写出我国的邻国吗？

我国行政区歌诀（1）

难度等级 ★★★☆☆

两湖两广两河山，澳港西台贵云川。

四市二宁甘青陕，海内五疆福吉安！

你能迅速写出我国的省份名称吗？

我国行政区歌诀（2）

难度等级 ★★★☆☆

黑吉辽，京津沪，桂琼粤闽浙皖苏。

晋冀鲁豫湘鄂赣，陕渝云贵围着蜀。

台港澳，藏青新，还有甘宁内蒙古。

按这首诗的顺序写出各省份名称。

我国行政区歌诀（3）

难度等级 ★★★☆☆

我国主要特大城市：

京津唐、沪宁杭、大鞍抚沈阳；长春吉、哈尔齐、乌兰包太西；

郑石济、淄徐岛、成重昆贵阳；武沙昌、福广香、台高特大详。

你能写出这些城市的全名吗？

等温线图

难度等级 ★★★★☆

“低纬向着高纬减，大陆一南七北弯”，这说明了什么规律？

古代史朝代记忆歌诀

难度等级 ★☆☆☆☆

学好中国古代史，首先要记准古代朝代的更替。下面这首歌诀可帮助你记忆：

唐尧禹舜夏商周

春秋战国乱悠悠
秦汉三国加两晋
南朝北朝死对头
隋唐五代又十国
辽宋夏金元明清

人体八种必需氨基酸

难度等级 ★★★☆☆

下面三句话都是讲述人体八种必需氨基酸的口诀，你择一记下，然后写出人体八种必需氨基酸的名称：

(1) 一两色素本来淡些；

(2) 假设借来一两本书；

(3) 鸡蛋酥，晾（亮）一晾（异亮），本色赖。

北美五大湖

难度等级 ★★☆☆☆

根据“北美五大湖，苏密休伊安”写出北美五大湖名称。

西亚、北非地理位置

难度等级 ★★☆☆☆

亚欧非洲紧相连，濒临四海一湖间。

丝绸之路连东西，海陆空运很方便。

紧邻油区波斯湾，里海海峡西北端。

南北运河苏伊士，三洲两洋航程短。

九大行星

难度等级 ★☆☆☆☆

水浸（金）地球，火烧木星成土，天海冥王都叫苦。请写出九大行星的名称。

二十四节气

难度等级 ★☆☆☆☆

春雨惊春清谷天，夏满芒夏暑相连。

秋处露秋寒霜降，冬雪雪冬小大寒。

每月两节不变更，最多相差一两天。

上半年来六廿一，下半年来八廿三。

地质年代

难度等级 ★★☆☆☆

地质年代古不古？三十八亿年前起太古。

二十五亿年前到元古，五亿七千年进寒武（古生代）。

二亿五中生代，七千万年新生来。

我国的地域口味

难度等级 ★★☆☆☆

安徽甜，河北咸，河北浙江咸又甜。

宁夏河南陕青甘，又辣又甜外加咸。

山西醋，山东盐，东北三省咸带酸。

黔赣两湖辣子蒜，又麻又辣数四川。

广东鲜，江苏淡，少数民族不一般。

因人而异多实践，巧调能如百人愿。

十九部中国古典名著

难度等级 ★★★★★

东西三水桃花红，官场儒林爱金瓶。

三言二拍赞今古，聊斋史书西厢镜。

这首诗包含了我国十九部古典名著，你能说出来吗？

鲁迅的杂文作品

难度等级 ★★★☆☆

《热风》吹过《坟》头，仅仅吹动了两个“华盖”（《华盖集》、华盖集续编）“而已”（《而已集》）。

“三闲”（《三闲集》）对着“二心”（《二心集》）“南腔北调”（《南腔北调集》）地谈论《伪自由书》（《伪自由书》）。

《准风月谈》（《准风月谈》）《花边文学》（《花边文学》）和《且介亭杂文》。

司马迁的《史记》

难度等级 ★★☆☆☆

中国史记第一部
纪传通史震千古
上至黄帝下汉武
篇篇心血一百三
七十列传三十家
十二本纪又十表
还来八书“成一家”。

使用托盘天平

难度等级　★★☆☆☆

螺丝游码刻度尺，指针标尺有托盘。

调节螺丝达平衡，物码分居左右边。

取码需用镊子夹，先大后小记心间。

药品不能直接放，称量完毕要复原。

你能解释这首诗吗？

呐　喊

难度等级　★★☆☆☆

《呐喊》收了14篇：《孔乙己》在《故乡》吃《药》写《狂人日记》；《明天》讲《阿Q正传》和《头发的故事》；为《一件小事》，《兔和猫》闹了《风波》；《端午节》演《社戏》——《白光》和《鸭的喜剧》。

拉美气候特征

难度等级　★★☆☆☆

“拉美”大部居低纬，热带气候主地位。充足热量降水丰，“暖湿”二字表入微。“安山”两侧显差异，季节相反赤南北。

长江干流流经省区

难度等级　★☆☆☆☆

(1) 由入海口逆上：沪苏皖赣湘鄂渝，川云藏青至源地。

(2) 青和藏，川渝云，两湖赣皖苏沪城，浩浩荡荡入东海，六三零零，航运忙不停。

黄河干流流经省区

难度等级　★☆☆☆☆

(1) 青川甘宁内蒙古，晋陕过后入豫鲁。

(2) 发源青海川甘宁，途经内蒙晋与秦，再经豫鲁入渤海，五四略呈

“几”字形。

长江中下游主要河港

难度等级 ★☆☆☆☆

宾（宜宾）客重（重庆）来，宜昌会晤（武汉）。敬酒（九江）五壶（芜湖），难难（南京、南通）老张（张家港）。

我国沿海开放14个城市

难度等级 ★☆☆☆☆

江海连波通三州，秦岛云烟上青天。

季风与非季风区界线

难度等级 ★☆☆☆☆

兴安、阴山、贺兰山、巴颜冈底季风圈。

我国灾害性天气

难度等级 ★☆☆☆☆

春旱、伏旱和夏涝，台风、热风和冰雹。风雪流，倒春寒，还有霜冻和寒潮。

牛郎、织女星所在星座

难度等级 ★☆☆☆☆

织女弹琴，牛郎猎鹰。

我国九大商品粮基地

难度等级 ★☆☆☆☆

（1）四江三湖一成松，九大粮地记心中。

（2）长三珠三和江汉，洞、鄱、淮、松四平原。

我国商品棉基地

难度等级 ★☆☆☆☆

鲁西北、冀中南。长下滨，沿二平原。豫北、黄淮和江汉，还有祖国南疆边。

我国棉纺工业分布

难度等级 ★☆☆☆☆

长三及附近，上海为中心。黄河中下游，京、石、郑、西、津。江汉及附近，武汉为中心。

我国重点建设的煤矿

难度等级 ★★☆☆☆

（1）内蒙东部北到南，伊敏、霍林、元宝山。准格尔矿靠晋陕，黄河“儿”字内拐弯。东胜、神府立西南，内蒙陕西黄河边。晋北黄河“儿”右肩，大同平朔正扩产。辽宁北部铁法建，黑省东部双鸭山。鲁南兖州战犹酣，安徽中部有淮南。

（2）山西大同与平阳，鸡西鹤岗黑龙江。鲁兖苏徐皖两淮，河北峰峰与开滦。辽宁阜抚贵六水，河南有个平顶山。

澳大利亚知识总结

难度等级 ★★☆☆☆

赤道以南澳大利亚，地广人稀国发达。中部平原水自流，动物古老不可怕。骑在羊背坐矿车，首都设在堪培拉。

水稻的分布

难度等级 ★☆☆☆☆

水稻作物单产高，喜热喜湿喜水生。亚洲分布占大半，中国南方最集中。

世界玉米的分布

难度等级 ★☆☆☆☆

玉米高产成本低，生长季长温暖期。地区分布较广泛，遍及亚欧美与非。

月相规律

难度等级 ★★☆☆☆

上上西西右见晚，下下东东清早天。自西向东四相时，上盈下亏月长圆。

彷　徨

难度等级 ★★☆☆☆

《彷徨》收入 11 篇：《在酒楼上》《祝福》《幸福的家庭》；《孤独者》《伤逝》令人同情；《长明灯》下《高老夫子》被《弟兄》　《示众》，只因偷《肥皂》导致《离婚》事件。

中美地狭七国名称

难度等级 ★★☆☆☆

（1）中美地狭有七国，色地马拉伯利兹。萨、洪、尼、哥、巴拿马，香蕉咖啡天下知。

（2）危洪刷（萨）泥（尼）哥爸（巴）离（伯利兹），中美七国永牢记。

答案与提示

我国邻国三字经

我国的邻国有朝鲜、俄罗斯、蒙古、哈萨克斯坦、吉尔吉斯斯坦、塔吉克斯坦、阿富汗、巴基斯坦、印度、尼泊尔、不丹、缅甸、老挝和越南，隔海相望的邻国是韩国、日本、菲律宾、马来西亚、文莱、印度尼西亚。

我国行政区歌诀（1）

两湖两广两河山指“湖南、湖北、广东、广西、河南、河北、山东、山西”；澳港西台贵云川指“澳门、香港、西藏、台湾、贵州、云南、四川”；四市二宁甘青陕指“北京、上海、天津、重庆、宁夏、辽宁、甘肃、青海、陕西”；海内五疆福吉安指“海南、内蒙古、江苏、江西、浙江、黑龙江、新疆、福建、吉林、安徽”。

我国行政区歌诀（2）

黑吉辽，京津沪（黑龙江、吉林、辽宁，北京、天津、上海），

桂琼粤闽浙皖苏（广西、海南、广东、福建、浙江、安徽、江苏），

晋冀鲁豫湘鄂赣（山西、河北、山东、河南、湖南、湖北、江西），

陕渝云贵围着蜀（陕西、重庆、云南、贵州、四川），

台港澳，藏青新（台湾、香港、澳门，西藏、青海、新疆），

还有甘宁内蒙古（甘肃、宁夏、内蒙古）。

我国行政区歌诀（3）

即北京、天津、唐山、上海、南京、杭州、大连、鞍山、抚顺、沈阳、长春、吉林、哈尔滨、齐齐哈尔、乌鲁木齐、兰州、包头、太原、西安、郑州、石家庄、济南、淄博、徐州、青岛、成都、重庆、昆明、贵阳、武汉、长沙、南昌、福州、广州、香港、台北、高雄。

等温线图

气温总是从低纬向着高纬递减，无论南北半球，大陆上的等温线总是一月向南方弯曲，七月向北方弯曲，即同纬度地区，夏季大陆比海洋热，等温线向高纬弯曲；冬季大陆比海洋冷，等温线向低纬弯曲。

古代史朝代记忆歌诀

略。

人体八种必需氨基酸

异亮氨酸、亮氨酸、色氨酸、苏氨酸、苯丙氨酸、赖氨酸、蛋氨酸、缬氨酸。

北美五大湖

北美五大湖，相互连成群。在冰川作用下，构成湖泊。美国与加拿大共有的是四个："伊利"、"安大略"、"苏必"与"休伦"湖，中间有明显的分界；"密歇根湖"为美国独有。五湖的总面积，居世界第一。淡水资源丰富，特别利于航运。

西亚、北非地理位置

略。

九大行星

九大行星依次是水星、金星、地球、火星、木星、土星、天王星、海王星、冥王星。

二十四节气

略。

地质年代

略。

我国的地域口味

略。

十九部中国古典名著

这首二十八个字的小诗中，第一句诗"东西三水桃花红"："东"指《东周列国志》；"西"指《西游记》；"三"指《三国演义》；"水"指《水浒传》；"桃花"指《桃花扇》；"红"指《红楼梦》。第二句诗"官场儒林爱金瓶"："官场"指《官场现形记》；"儒林"指《儒林外史》；"金瓶"指《金瓶梅》。第三句诗"三言二拍赞今古"："三言"即《喻世明言》《警世通言》《醒世恒言》；"二拍"指《初刻拍案惊奇》《二刻拍案惊奇》；"今古"即《今古奇观》。第四句诗"聊斋史书西厢镜"："聊斋"指《聊斋志异》；"史书"即《史记》；"西厢"即《西厢记》；"镜"即《镜花缘》。

鲁迅的杂文作品

略。

司马迁的《史记》

略。

使用托盘天平

这首诗的意思是说：(1）螺丝游码刻度尺，指针标尺有托盘：这两句说了组成托盘天平的主要部件：（调节零点的）螺丝、游码、刻度尺、指针、托盘（分左右两个）。(2）调节螺丝达平衡：意思是说称量前应首先检查天平是否处于平衡状态。若不平衡，应调节螺丝使之平衡。(3）物码分居左右边："物"指被称量的物质；"码"指天平的砝码。意思是说被称量物要放在左盘中，砝码要放在右盘中。(4）取码需用镊子夹：这句的意思是说取砝码时，切不可用手拿取，而必须用镊子夹取。(5）先大后小记心间：意思是说在添加砝码时，应先夹质量大的砝码，然后再夹质量小的砝码（最后再移动游码）。(6）药品不能直接放：意思是说被称量的药品不能直接放在托盘上（联想：可在两个托盘上各放一张大小相同的纸片，然后把被称量的药品放在纸片上，潮湿或具有腐蚀性的药品必须放在表面皿或烧杯里称量）。(7）称量完毕要复原：意思是说称量完毕后，应把砝码放回砝码盒中，把游码移回零处，使天平恢复原来的状态。这样一来，用短短的八句诗就将托盘天平的主要构成部件、使用方法和注意事项明明白白地记住了。

呐　喊

略。

拉美气候特征

略。

长江干流流经省区

略。

黄河干流流经省区

略。

长江中下游主要河港

略。

我国沿海开放 14 个城市

略。

季风与非季风区界线

略。

我国灾害性天气

略。

牛郎、织女星所在星座

略。

我国九大商品粮基地

略。

我国商品棉基地

略。

我国棉纺工业分布

略。

我国重点建设的煤矿

略。

澳大利亚知识总结

略。

水稻的分布

略。

世界玉米的分布

略。

月相规律

略。

彷　徨

略。

中美地狭七国名称

略。

比较记忆法的训练游戏

比较是确定客观事物彼此之间差异点与共同点的思维方法。有比较才有鉴别，不经比较，就难以辨别事物的特征，难以认定事物的本质，难以弄清事物的相互关系，难以区别事物的异同之点。

所谓比较记忆法，就是对相似而又不同的识记材料进行对比分析，弄清以至把握住它们的差异点与相同点，用以进行记忆的方法。在学习中，新知识之间需要比较，旧知识之间需要比较，新旧知识之间也需要比较，理论与事实的比较，更为常见。

比较的方法，形式不拘一格，概言之，必须遵守两项基本原则：①同中求异，即在识记材料共同点外尽量找出其不同点来。特别是不要停留在对识记材料表面现象的认识上，而应多着眼于它们本质属性的比较，抓住细微的特征进行记忆。②异中求同，即在识记材料不同点外努力找出它们的相同或相似点来。

世界上的事物纷繁复杂，尽管表面现象千差万别，却往往有本质上的相同或相似点，如果我们能找出它们，就会记得更扎实。本章的游戏旨在练习你的比较能力，让你养成记忆本质特征的习惯。

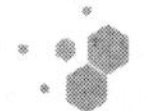

数字间的巧合

难度等级　★★☆☆☆

世界第三大河长江为6300千米，如加上100千米为亚马孙河长度，再加上2个100千米就是世界第一长河尼罗河的长度，而长江的长度减去3个100千米，便是密西西比河的长度了。

奇数变偶数

难度等级　★★★☆☆

9的罗马写法是“IX”。请问，该如何加上一笔，使其变成偶数呢？

百年时差记大事

难度等级　★★☆☆☆

1689年英国《权利法案》；

1789年法国大革命（两年前1787年美国宪法）；

1889年第二国际成立。

谁的孩子

难度等级　★★☆☆☆

一天，有三个人在一起散步。第三个人说：“第二个人是第一个人的孩子。”但第一个人却反驳说：“我不是第二个人的妈妈，他也不是我的儿子。”他们说的话都是事实，究竟他们的关系是怎样的呢？

“邦联”与“联邦”

难度等级　★★☆☆☆

“邦联”以邦为主，较松散；“联邦”以联为大，加强了中央集权。

美国内战时间

难度等级　★☆☆☆☆

美国内战：1861～1864年；

换算新旧血压单位

难度等级　★★☆☆☆

血压mmHg，加倍再加倍，除3再除10，即得kPa值。现在让你计算120mmHg是多少kPa？

不同的数

难度等级　★★★☆☆

你能找出这8个数里面与众不同的那一个吗？

31
331
3331
33331
333331
3333331
33333331
333333331

不同的“S”

难度等级 ★★★☆☆

在这些图形中，哪一个和其他的不一样？

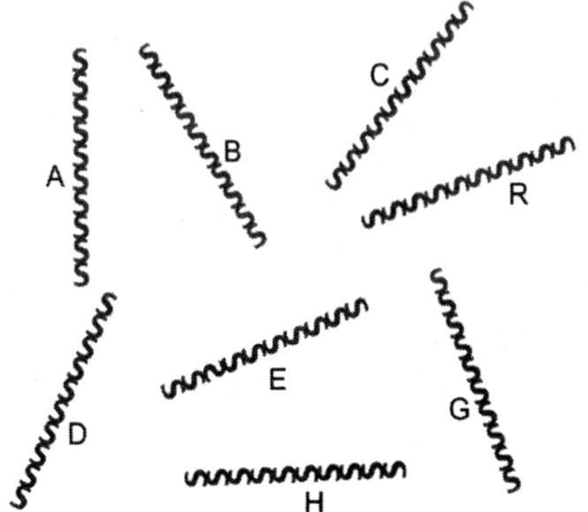

正反都相同的年份

难度等级 ★★★☆☆

哪一年的年份写在纸上，再把它颠倒过来看，仍然是该年的年份呢？

最近的距离

难度等级 ★★★☆☆

观察下图，从A到B，哪条线路更近？线路一还是线路二？

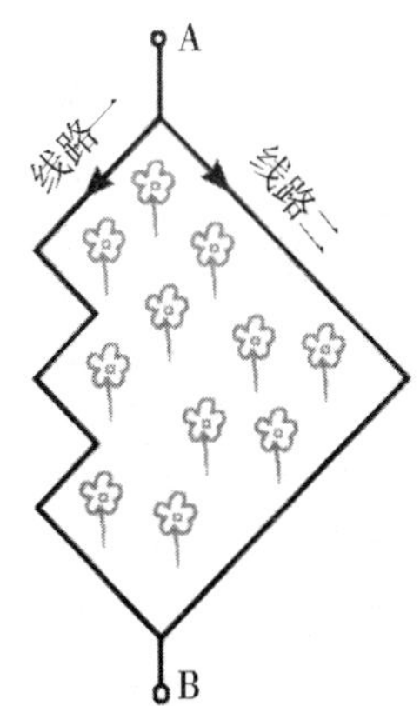

找数字

难度等级 ★★★☆☆

游艺会上，年近半百的刘老师提来一块黑板，黑板上画着两张图表。刘老师说：“请同学们在图1里面，任意记住一个数字，告诉我它在第几行，再告诉我在图 2 里它是第几行，我就可以知道它是什么数。”一连几个同学站起来问，都被刘老师说对了。

大家很纳闷，你知道刘老师是怎么找到的吗？

1	10	9	21	4	5
2	6	16	3	19	25
3	17	1	8	22	18
4	2	23	12	11	7
5	14	20	15	13	24

图1

1	24	7	18	25	5
2	13	11	22	19	4
3	15	12	8	3	21
4	20	23	1	16	9
5	14	2	17	6	10

图2

猎人的收获

难度等级　★★★☆☆

有一天，猎人出去捕兔子，直到天黑才回家。妻子问他：“你今天打了几只兔子？”由于猎人平时爱与妻子玩文字游戏，便回答：“捕了 6 只没头，8 只半个，9 只没有尾巴的。”而聪明的妻子马上就明白他捉了几只。请问，猎人究竟捕了多少只呢？

差别最大的字母

难度等级　★★★☆☆

（1）在 A、Z、F、N、E 五个字母中，哪个与其余四个差别最大？

（2）在 A、N、E、F、H 五个字母中，哪个与其余四个差别最大？

没有方位的房子

难度等级　★★★☆☆

地球上有一间房子，当你在房子周围走一圈，要确定东、西、南、北的方位时，却发现无论走到哪里都是一样。究竟这里的房子位于何处呢？

多余的字母

难度等级　★★★☆☆

每个圆圈里都有一个字母是多余的，你知道是哪一个吗？

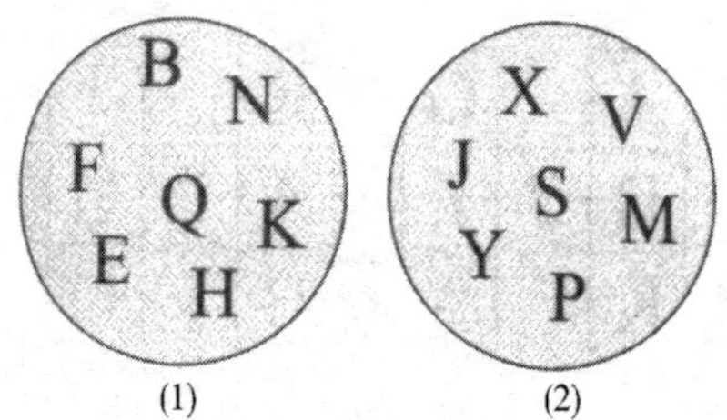

趣味字谜

难度等级 ★★★☆☆

下面有一道字谜，请猜出一个字。

去掉上面是个字，去掉下面也是字。

去掉中间还是字，去掉上下仍是字。

替代的字

难度等级 ★★★☆☆

下列6个词组中的动词大多不能互换，然而，有一个字可以替代所有的动词，请问是哪一个字呢？

①跳水　②买油　③砍柴
④做工　⑤定字　⑥敲鼓

“二”的妙用

难度等级 ★★★★☆

语文老师在课堂上，出了一道特别的题目，要求学生将黑板上12个方格中的每个“二”字加上两笔，如添上两画变成“夫”，以此类推，使其组成12个不同的字。

二	二	二
二	二	二
二	二	二
二	二	二

最高的人

难度等级 ★★☆☆☆

仔细看图，3个人中，请指出最高的是哪一位？

找出不一样的立方体

难度等级 ★★☆☆☆

同一种图案，不能同时出现在两个以上的立方体表面。以下6种立方体，哪一个不属于相同的立方体？

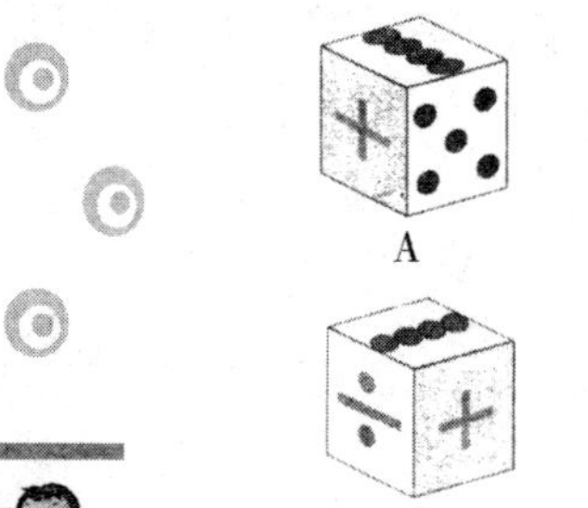
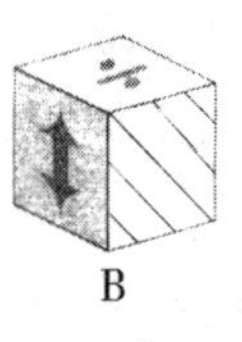
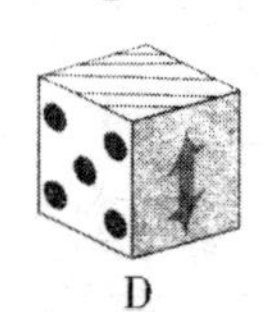
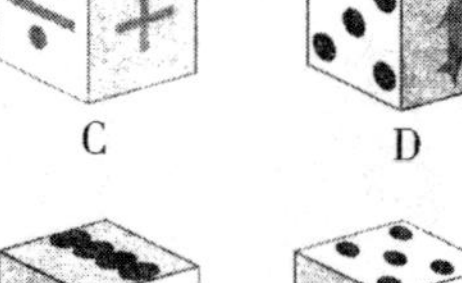
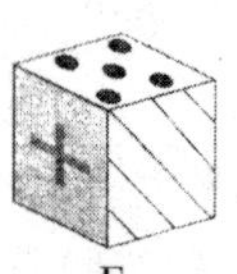

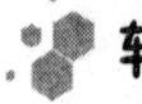

转动的距离

难度等级 ★★☆☆☆

两个圆环，半径分别是 1 和 2，小圆在大圆内绕圆周一圈，请问小圆自己转了几圈？如果在大圆外部，小圆又转了几圈呢？

冬天还是夏天

难度等级 ★★★☆☆

左下图为两幅房间素描画，请判别哪一幅是夏天画的？哪一幅是冬天画的？

无价之宝

难度等级 ★★★☆☆

一位在南美洲淘金的老财主不仅得到大量黄金，而且找到许多钻石。为了向别人炫耀自己的富裕，他决定用这些钻石镶出一个世上唯一的无价之宝。于是，他决定第一天从保险箱取出一颗钻石；第二天，取出 6 颗钻石，镶在第一天取出钻石的周围（如图）；第三天，其周边再镶一圈钻石，形成两圈。每过一天，就多一圈。进

行7天以后，便镶成一个巨大的钻石群。请问，这块无价之宝一共有多少颗钻石？

巧组正方形

难度等级　★★★★☆

现有3厘米宽、4厘米长的扑克牌12张。要求用这些扑克牌同时组合出大小不同的多个正方形。但是不能把扑克弄折，也不能重叠扑克，更不能组合出两个以上同样大小的正方形。

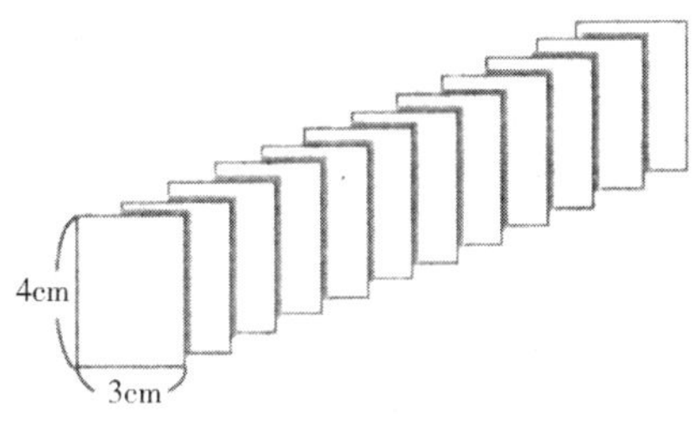

经济路线

难度等级　★★★☆☆

威尼斯河网密布，是世界著名的水城。在威尼斯，人们的出行大多依靠船。由于各条河道上的船只种类不同，乘船费用也不一样。

张然带着一张威尼斯的水上交通图（如下图所示）站在甲处，他的目的地是乙处。现在，他要选择一条最省钱的路线。

已知每条路线都标明了船费（如下图所示），你能帮张然找出这条最省钱的路线吗？这条路线所需船费是多少？

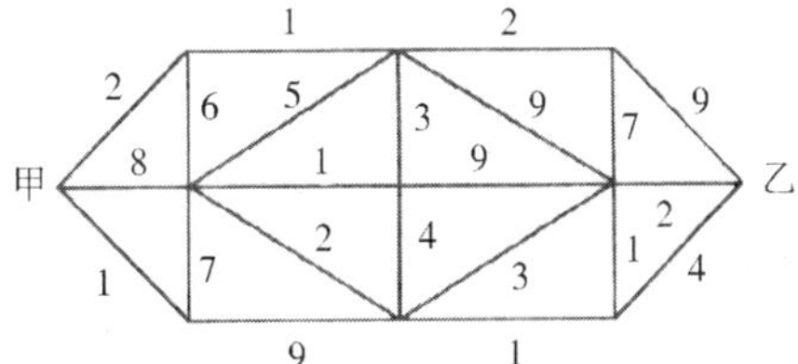

比较黑白

难度等级　★★★☆☆

下列各图中的阴影部分与空白部分的面积相等吗？

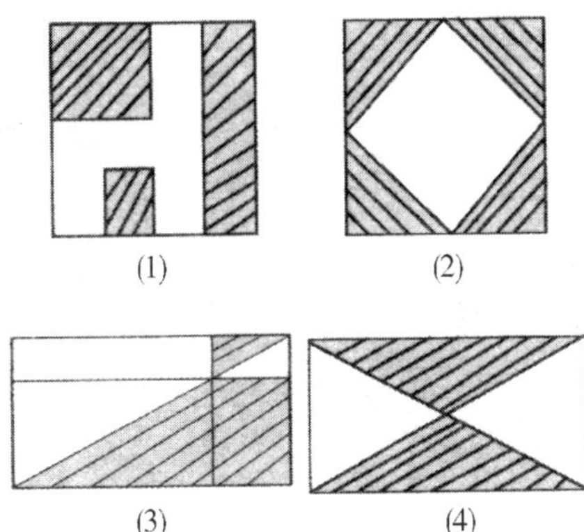

哪杯冷得快

难度等级　★★★☆☆

在同样的条件下，将两杯不同温度的牛奶放到冰箱里，温度高与温度低的牛奶，哪杯冷得快呢？

观察并比较

难度等级　★★★☆☆

比较图中的英文字母，看看其有无规则可言，请试将空格答案填写完整。

选择记忆

难度等级　★★★☆☆

这个游戏需两人一组进行。甲依次念下列各组数字和汉字，每隔一秒钟念一个数字或汉字。甲每念完一组，乙只需把甲念过的数字按顺序复述出来，不能念汉字。例如，甲念："家－4－水－3－风。" B 念："4－3。"

第一组：家－4－水－3－风。

第二组：快－走－7－军。

第三组：开－8－寸－5－电－6。

第四组：表－2－多－5－饮－3。

第五组：好－3－坏－9－东－6－手－2。

第六组：嘴－2－书－1－笔－4－飞－9。

顽皮的猫

难度等级　★★★☆☆

有一只猫非常顽皮，它跳到桌子上，前脚打到时钟，使其摔成了两半，但两块钟面上的数字之和却恰巧相等。请问，钟面到底是从哪里裂开的呢？

错位的眼睛

难度等级 ★★☆☆☆

仔细看图中女孩，观察她的眼睛是否错位。

"5"的创意算式

难度等级 ★★★☆☆

图中有4个"5"，请运用+、-、×、÷和（ ）等运算符号，写出答案是1~6的算式。

1=5 5 5 5

2=5 5 5 5

3=5 5 5 5

4=5 5 5 5

5=5 5 5 5

6=5 5 5 5

《静夜思》的数字游戏

难度等级 ★★★★☆

被誉为"诗仙"的李白，写过一首著名的诗——《静夜思》，这首诗共有20个字，恰好组成下列两组算式：

床前=明月+光，

疑是=地上×霜。

举头+望=明月，

低头×思=故乡。

其中，每个汉字分别代表0~9中的一个数字；相同的汉字表示相同的数。请破解这道谜题，将每个字所代表的数目写出来。

提示：诗中的"头"字为解题要领。

龟兔赛跑

难度等级 ★★★☆☆

有一次，乌龟和兔子又要比赛谁跑得快。乌龟对兔子说："你的速度是我的10倍，每秒跑10米，如果我在你前面10米远的地方，当你跑了10米时，我就向前跑了1米，你追我1米，我又向前跑了0.1米；你再追0.1米，我又向前跑了0.01米……以此类推，你永远要落后一点，所以别想追上我了。”你认为乌龟说的对吗？

答案与提示

数字间的巧合

略

奇数变偶数

加上“S”，即成SIX。

百年时差记大事

略。

谁的孩子

他们都没错，此题必须转换思考模式。事实上，第一个人是第二个人的爸爸，第二个人是第一个人的女儿。

“邦联”与“联邦”

略。

美国内战时间

略。

换算新旧血压单位

120mmHg加倍为240，再加倍为480，除以3得160，再除以10，即16kPa。

反之，血压kPa乘10再乘3，减半再减半，可得mmHg值。

不同的数

最后一个与众不同，其他的都是质数（在大于1的整数中，只能被1和这个数本身整除的数叫质数，也叫素数），它是17与19607843的乘积。

不同的“S”

E。这些图案均由10个S字母组成的，但是在E答案中有一个S的方向是错误的。

正反都相同的年份

1961。

最近的距离

两条小路的长度相同。如图所示，线路一的各分段长度之和正好等于线路二的长度。

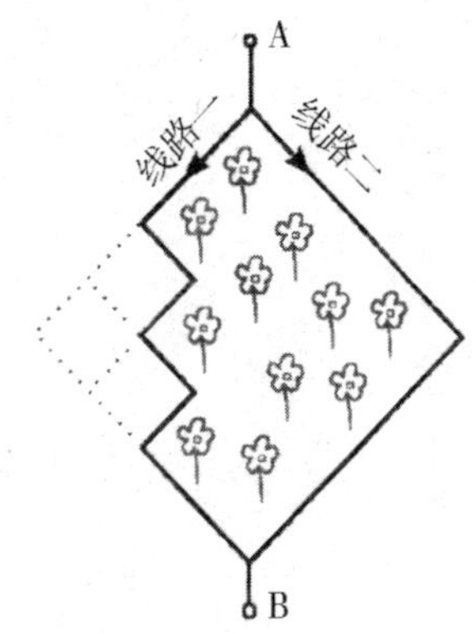

找数字

请你再仔细看这两幅图，图1的第一列（竖行）数字如10，6，17，2，14，在图2中排成14，2，17，6，10，并且作为图2的第五行（横行）。图1中的第二列9，16，1，23，20，在图2中以20，23，1，16，9的形式排在了第四行……

图1中的每一竖行，都如此改排为图2中的横行，这样就找到了规律。图1的第三行的18，在图2第一行，只要将图1第三行在图2从17倒竖起来的竖行里，找到排在第一行的数就可以了。

猎人的收获

0只。“6”去掉“头”，“8”去掉半个，“9”去掉“尾巴”，结果都是“0”。

差别最大的字母

（1）F。其余四个字母都具有对称性，或上下对称，或左右对称。

（2）E。因为其他三个字母都是由三条直线构成。

没有方位的房子

北极或南极。

多余的字母

（1）F，（2）X。字母按次序依次加。

趣味字谜

章。

替代的字

用“打”字代替。

“二”的妙用

井	天	王
毛	牛	手
午	五	元
月	仁	云

最高的人

3个人一样高。这是一幅立体空间图，之所以最前面的人看起来比较矮，是由于观察的角度不一样。

找出不一样的立方体

D图不属于同一个立方体。

转动的距离

小圆绕2圈的距离等于大圆的圆周长，因此答案为2圈。而内圈和外圈的答案相同，长度并不会因为换地方转动而改变。

冬天还是夏天

上图是夏天画的。由于夏天的11

点钟，太阳处于屋顶上方，照射进来的光线面积小。相反地，冬天 11 点钟，太阳与屋顶形成的角度小，照射进来的光线面积大，因此下图是冬天画的。

无价之宝

刚开始只有 1 颗，第二天增加 6 颗，第三天又增加 12 颗，第四天增加了 18 颗……以此类推，计算出七天的钻石总数。可得：$1+6+12+18+24+30+36=127$ 颗。

巧组正方形

像下图这样组合，就会出现 5 个不同大小的正方形。

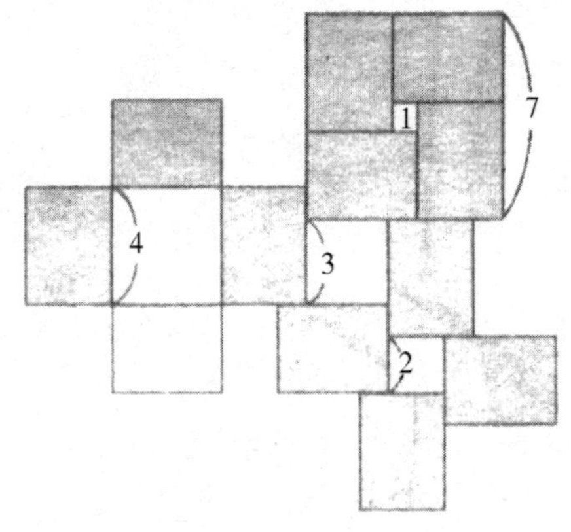

经济路线

乘船路线如下图，所花的船费为 13 元。

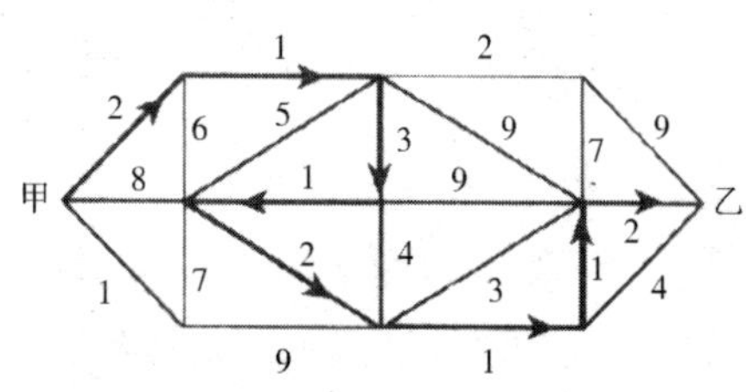

比较黑白

（1）不相等，阴影部分面积大；（2）相等；（3）相等；（4）相等。

哪杯冷得快

温度高的一杯冷得快，此为“姆潘巴现象”。冷却的快慢不是由液体的平均温度判断，而是由液体表面与底部的温度差决定。热牛奶急速冷却时，此种温度差较大，而且全部冻结前的降温过程中，热牛奶的温差会一直大于冷牛奶的温差。因此表面的温度越高，其散发的热量则越多，降温也越快。

观察并比较

善于观察的人，便会发现这是计算机键盘最左边的字母排列顺序，尽管答案显而易见，但却往往被人们忽略。

选择记忆

记忆时最怕受到无关因素的干扰，做这组游戏时，一定要集中注意

力，及时把干扰项排除。

顽皮的猫

从3～4之间斜向裂开至9～10之间，即一块是4～9，另一块则是10～3。

错位的眼睛

若用直尺测量会发现此人的眼睛并没有错位，是由于人类的视觉受到环境影响而产生的现象。

“5”的创意算式

1＝55÷55

2＝5/5＋5/5

3＝（5＋5＋5）÷5

4＝（5×5－5）÷5

5＝5＋5×（5－5）

6＝55÷5－5

《静夜思》的数字游戏

71＝68＋3

90＝45×2

34×2＝68

14×5＝70

龟兔赛跑

不对，乌龟只想到速度和距离，却没有考虑时间。事实上，兔子只要用10/9秒的时间便能追上乌龟，并超过它。

归纳记忆法的训练游戏

世界上的万事万物都按其属性归属于一定的门类。归类的结果，既可增强我们的概括能力，使知识系统化，又有利于在头脑中形成经久不忘的记忆。

归纳是从个别到一般、从特殊事例到一般原理的科学思维方法。通过归纳，我们可以透过现象看到事物的本质，找到知识的精华；通过归纳，我们可以使所学的知识条理清晰，运用起来得心应手；通过归纳，我们可以找到致错根源，避免再犯类似的错误；通过归纳，我们可以系统地记忆一大串相关的事件。

归纳的首要任务是将凌乱的信息梳理整齐，然后再对其进行抽象概括。抽象概括的过程中，要注意将信息与题目、事实等因素相联系。

本章游戏的设置是为了考查并提高你的归纳能力，进而提高你的记忆力。

多余的第四个

难度等级 ★★★☆☆

有四组物品：

（1）苹果、梨、西红柿、橘子；

（2）刮脸刀、剪刀、铅笔、铅笔刀；

（3）斧子、钉子、电锯、电钻；

（4）小号、小提琴、大号、萨克斯管。

请问在这四组物品的每一组中，有无“多余的”第四个？为什么？

猜名字

难度等级 ★★★☆☆

老师在手上用圆珠笔写了 A、B、C、D 四个人中的一个人的名字，她握紧手，对他们四人说：“你们猜猜我手中写了谁的名字？”

A 说：是 C 的名字。

B 说：不是我的名字。

C 说：不是我的名字。

D 说：是 A 的名字。

四人猜完后，老师说：“你们四人中只有一人猜对了，其他三人都猜错了。”四人听了后，都很快猜出老师手中写的是谁的名字了。你知道老师手中写的是谁的名字吗？

寻找果汁

难度等级 ★★★☆☆

有 4 个瓶子分别装有白酒、啤酒、可乐、果汁，但是在装有果汁的瓶子上的标签是假的，其他的瓶子上的标签是真的。每个瓶子里分别装的是什么东西呢？

甲瓶子上的标签是：“乙瓶子里装的是白酒。”乙瓶子的标签是：“丙瓶子里装的不是白酒。”丙瓶子的标签是：“丁瓶子里装的全是可乐。”丁瓶子的标签是：“这个标签是最后贴上的。”

拉格朗日定理

难度等级 ★★★☆☆

你能否将上面的 2 个整数分别写成平方数相加的形式？

35 = ? + ? + ?

48 = ? + ? + ? + ?

王　牌

难度等级　★★★★☆

在一局纸牌游戏中，某个人的手中有这样的一副牌：

（1）正好有十三张牌。

（2）每种花色至少有一张。

（3）每种花色的张数不同。

（4）红心和方块总共五张。

（5）红心和黑桃总共六张。

（6）属于“王牌”花色的有两张。红心、黑桃、方块和梅花这四种花色，哪一种是“王牌”花色？

中国古代的圣人

难度等级　★★☆☆☆

文圣——春秋时代的孔子；

武圣——三国时代的关羽；

诗仙——唐代李白；

诗圣——唐代杜甫；

书圣——东晋王羲之；

画圣——唐朝吴道子；

医圣——东汉末年张仲景；

药王——唐朝孙思邈；

茶圣——唐朝陆羽；

建筑工匠的祖师——战国初期的鲁班

职　务

难度等级　★★★☆☆

甲、乙、丙是同班同学，其中一个是班长，一个是学习委员，一个是小组组长。现在我们知道：丙比组长年龄大，学习委员比乙年龄小，甲和学习委员不同岁。你知道他们3个人分别担任什么职务吗？

点餐风波

难度等级　★★★☆☆

四个好朋友前往一家西餐厅用餐，他们选了个圆桌，依A、C、D、B的顺序坐下。看过菜单之后，他们连续点了主菜、汤及饮料。

在主菜方面，李先生点了一份鸡排，连先生点了一份羊排，坐在B位置的人则点了一份猪排。在汤方面，萧先生及坐在B位置的人都点了玉米浓汤，李先生点了洋葱汤，另一个人则点了罗宋汤。至于饮料，萧先生点了热红茶，李先生和连先生点了冰咖啡，另一个人则点了果汁。四个人点完之后才发现：邻座的人都点了不一样的东西。

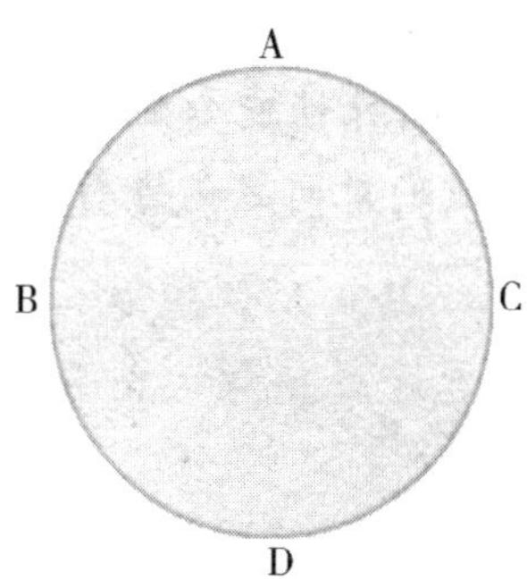

如果李先生坐在 A 位置，请问：坐在哪个位置上的先生点了牛排？

姓氏配对

难度等级 ★★★★☆

8 位孩子分 32 个机器人，分法如下：安妮得到 1 个机器人，梅莉得到 2 个，绮拉 3 个，米妮 4 个；男孩凯德·史密斯得到的机器人和他的妹妹一样多，汤米·安德鲁得到的是他妹妹的 2 倍，比利·琼斯分得的机器人是他妹妹的 3 倍，洛克·哈文得到的是他妹妹的 4 倍。请根据以上叙述，指出 4 名女孩的姓氏。

注：在西方人名中，姓氏居后。如汤米·安德鲁，姓氏即“安德鲁”。

说谎的姐妹

难度等级 ★★★☆☆

姐妹二人，一胖一瘦。姐姐上午很诚实，一到下午就说假话；妹妹则相反，上午说假话，下午却很诚实。有一天，一个人问姐妹俩：“哪位小姐是姐姐？”胖小姐回答说：“我是。”而瘦小姐回答说：“是我呀。”这个人又问：“现在几点钟了？”胖小姐说：“快到中午了。”瘦小姐却说：“中午已经过去了。”请问：当时是上午还是下午，哪一个是姐姐？

字母推理

难度等级 ★★★☆☆

观察如下字母方阵，并将第四行的字母顺序排列出来。

A、B、C、D、E

D、C、E、B、A

B、E、A、C、D

?　?　?　?　?

C、A、D、E、B

家庭比赛

难度等级 ★★★☆☆

某社区举行夫妻智力比赛，决赛前一共要进行4次预赛。每次预赛中，各对夫妻都要出1名成员参赛。

第一次参赛的是：吴、孙、赵、李、王。

第二次参赛的是：郑、孙、吴、李、周。

第二次参赛的是：赵、张、吴、钱、郑。

第四次参赛的是：周、吴、孙、张、王。

另外，刘某因故未参加任何一次比赛。

请问：谁和谁分别是夫妻？

等　式

难度等级 ★★★★☆

1×？ +？ =9

12×？ +？ =98

123×？ +？ =987

1234×？ +？ =9876

12345×？ +？ =98765

123456×？ +？ =987654

1234567×？ +？ =9876543

12345678×？ +？ =98765432

123456789×？ +？ =987654321

仔细观察上面的等式，想一想：各式所乘数字是几？所加数字是几？

玩具世界

难度等级 ★★★☆☆

多多最喜欢买玩具，在她的玩具中，扔掉两只之后都是狗；扔掉两只之后都是熊宝宝；扔掉两只之后都是洋娃娃。请问多多的玩具是什么？数量是多少？

玛瑙戒指

难度等级 ★★★☆☆

有4个女子，其中有1人是有妖性的女子，她常常撒谎，其他3人是单纯的女子，从不撒谎。她们每个人都戴着一个戒指，其中的一个戒指是玛瑙戒指，戴着它的人，无论是单纯的女子还是有妖性的女子，都会说谎。而且，她们互相都知道谁是有妖性的女子，谁是戴着玛瑙戒指的女子。

根据以下对话，请推断到底谁是有妖性的女子？谁戴着玛瑙戒指？

拉拉说：“我的戒指不是玛瑙戒指。”

奇奇说：“天天是妖性女子。”

天天说：“戴着玛瑙戒指的是兜兜。”

兜兜说：“天天不是有妖性的女子。”

古希腊的传说

难度等级 ★★★☆☆

这是一个流传在古希腊的传说。有一个美丽的公主在河边洗澡，当她洗完后发现放在岸边的衣服被人偷了。关于这件事，受害者、旁观者、目击者和救助者各有说法。她们的说法如果是关于被害者的就是假的，如果是关于其他人的就是真的。请你根据她们的说法判定她们各自的身份。

玛丽说：“瑞利不是旁观者。”

瑞利说：“劳尔不是目击者。”

露西说：“玛丽不是救助者。”

劳尔说：“瑞利不是目击者。”

猜星期几

难度等级 ★★★☆☆

A、B、C、D、E、F、G七个人就“今天是星期几”这个问题展开争论。

A：“后天是星期三。”

B：“不对，今天是星期三。”

C：“你们都错了，明天是星期三。”

D：“胡说！今天既不是星期一，也不是星期二，更不是星期三。”

E：“我确信昨天是星期四。”

F：“不对，你弄颠倒了，明天是星期四。”

G：“不管怎么说，反正昨天不是星期六。”

实际上，这七个人中只有一个人说对了。

请问：说对的是谁？今天究竟是星期几？

李经理的一周行程

难度等级 ★★★☆☆

下星期，李经理的活动安排是：“参观博物馆；去市政府；到医院看外科；去饭店吃午餐。”但饭店在星期三没有营业；市政府则是星期六休息；博物馆在周一、三、五开放；外科医师每逢周二、五、六看诊。那么，李经理应该在星期几才能在一天之内完成所有事情呢？

动物园

难度等级　★★★☆☆

一日，可可独自到动物园去玩。他只看了猴子、熊猫和狮子三种动物。这三种动物的总数量在 26 只到 32 只之间。根据以下情况，算出这三种动物各有多少只？

1. 猴子和狮子的总数量比熊猫的数量多。

2. 熊猫和狮子的总数量比猴子的总数多出 2 倍多。

3. 猴子和熊猫的总数量比狮子数量的 3 倍还多。

4. 熊猫的数量比狮子数量少了 2 倍多。

最多有几人

难度等级　★★★☆☆

假设以下关于 M 城居民的说法都是事实：

(1) 没有两个居民的头发数量正好一样多。

(2) 没有一个居民的头发正好是 518 根。

(3) 居民的总数比任何一个居民的头发数量都要大。

请问：M 城居民的总数最多不可能超过多少人？

餐厅聚会

难度等级　★★★★☆

有 7 位年轻人，他们是好朋友，每周都要到同一家餐厅吃饭，但他们去餐厅的次数不同。哈德每天必去；莎莎隔一天去一次；咪咪每隔两天去一次；马莎每隔三天去一次；艾迪每隔四天才去一次；科特每隔五天去一次；次数最少的是玛吉，每隔六天才去一次。昨天是 2 月 29 日，他们在餐厅愉快地碰面，有说有笑，并期待下一次相聚时的情景。请问，他们下一次在餐厅碰面是在什么时候呢？

超强记忆

难度等级 ★★★☆☆

第一步：仔细观察下面框内的图形，并尽力记住它们的模样。

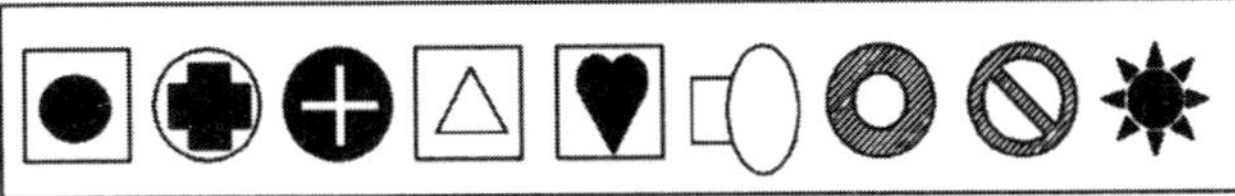

第二步：遮盖住上面框内的图形，并从下面的框内迅速找出在上面的框中出现过的图形，并圈出来。

魔女游戏

难度等级 ★★★☆☆

月宫里住着4位姑娘——光光、沐沐、乔乔、贝贝，她们之中的一人因故变成魔女（假如名为沐沐的女子变成魔女，若她说："我不是沐沐。"要当成实话）。另外，她们之中的一人经常撒谎（也有可能是变成魔女的人），而其他人都不说谎。但大家都不知道是谁变成了魔女。

有一天，她们的对话被吴刚听到了。请根据吴刚的记录，分别说出这四人的名字是什么？又是谁变成魔女了呢？

头戴黄色发簪的姑娘说："我不是贝贝，戴蓝色发簪的人是沐沐。"

头戴白色发簪的姑娘说："我不是贝贝，戴黑色发簪的人是乔乔。"

头戴蓝色发簪的姑娘说："我不是沐沐。"

头戴黑色发簪的姑娘说："头戴黄色发簪的女子是光光。"

拿错雨伞

难度等级 ★★★☆☆

赵金、钱银、孙铜、李铁、周锡一起参加会议。由于下雨，他们都带了一把伞。散会时恰好停电，结果他们都拿错了伞。

赵金拿的伞不是李铁的，也不是钱银的；钱银拿的伞不是李铁的，也不是孙铜的；孙铜拿的伞不是周锡的，也不是钱银的；李铁拿的伞不是孙铜的，也不是周锡的；周锡拿的伞不是李铁的，也不是赵金的。另外，没有两个人相互错拿了对方的伞的情况。

请问：他们五人各错拿了谁的伞？

休闲小镇

难度等级 ★★★☆☆

在著名的休闲城镇里，有一家餐厅、百货公司和蛋糕店。丁丁到达的那一天，蛋糕店正好开门营业。此休闲城镇的每个星期中，没有一天是餐厅、百货公司和蛋糕店全都开门营业的日子。百货公司每星期开门营业 4 天，餐厅则营业 5 天，星期日和星期三全都关门休息。

在连续的 3 天中：

第一天，百货公司关门休息。

第二天，蛋糕店关门休息。

第三天，餐厅关门休息。

在接续的几天中：

第一天，蛋糕店关门休息。

第二天，餐厅关门休息。

第三天，百货公司关门休息。

请问，丁丁到达休闲小镇时是一星期中的哪一天呢？

三张扑克牌

难度等级 ★★★☆☆

桌子上有 3 张扑克牌，排成一行。

现在，我们已经知道：

（1）K 右边的 2 张牌中至少有 1 张是 A；

（2）A 左边的 2 张牌中也有 1 张是 A；

（3）方块左边的 2 张牌中至少有

1 张是红桃；

（4）红桃右边的 2 张牌中也有 1 张是红桃。

问：这 3 张是什么牌？

足球比赛

难度等级　★★★☆☆

公元3000 年，国际足联为了鼓励球员在足球比赛中进更多的球，试行了新的竞赛规则，即赢一场球得 10 分，平局各得 5 分，而且不论输赢，踢进一球即得 1 分。在一次实行循环赛制的国际足球邀请赛中，几场比赛过后，各队的得分如下：中国队得 3 分，意大利队得 7 分，巴西队得 21 分。

请问：每场比赛的比分是多少？

狗儿们的话

难度等级　★★★☆☆

德拉家和卡卡家共有 4 条狗，名字分别是多多、依依、咪咪、汪汪，主人喜欢把它们打扮得漂漂亮亮。一天，它们说了下列对话。其中，若是关于自己家的话就是真的，关于别人家的话就是假的。

穿棕衣服的狗：“穿黄衣服的是多多，穿白衣服的是依依。”

穿黄衣服的狗：“穿白衣服的狗狗是咪咪，穿灰衣服的狗狗是汪汪。”

穿白衣服的狗：“穿灰色衣服的狗狗是多多。”

穿灰衣服的狗：“穿棕衣服的是多多，穿白衣服的是卡卡家的狗狗。”

请问：这 4 条狗分别是谁家的？

推测符号

难度等级　★★★☆☆

如图所示，将符号“○”“△”“×”填入 25 个空格中，每格一个。请问：“?”处应该填什么符号？

○	×	△	○	○
△	×	△	×	×
×	○	○	△	△
○	△	×	○	○
?	×	○	△	×

乌龟赛跑

难度等级　★★★☆☆

有甲、乙、丙、丁 4 只乌龟，他

们在本周进行了常规赛跑。上一次比赛没有出现两只乌龟“并列第一”的情况，这次也一样。而且，上回的第一名不是丙乌龟。

4 只乌龟所言如下，在上次比赛中名次下降的乌龟撒谎了，名次没有下降的乌龟说了实话。

不巧的是，他们的对话被兔子听到了。根据兔子的叙述，推测一下 4 只乌龟在上次和这次比赛中分别是第几名。

甲：“乙上次是第二名。”

乙：“丙这次是第二名。”

丙：“丁这次比上次位置上升了。”

常胜将军

难度等级　★★★☆☆

李先生与他的妹妹、他的儿子、他的女儿都是排球高手，他们中的一人还被大家誉为“常胜将军”。关于他们四人，还有如下信息：

（1）“常胜将军”的双胞胎兄弟或姐妹，与表现最差的人性别不同。

（2）“常胜将军”与表现最差的人年龄相同。

请问：这四个人中，谁是“常胜将军”？

7 只小鸟

难度等级　★★★☆☆

7 只小鸟住在同一个鸟巢中。它们的生活非常有规律，每一天都有 3 只小鸟出去觅食。

7 天之后，任意 2 只小鸟都在同一天出去觅食过。

将 7 只小鸟分别标上序号 1 ~ 7，请你将它们这 7 天的觅食安排详细地填在表格中。

时间	觅食的小鸟序号
第 1 天	
第 2 天	
第 3 天	
第 4 天	
第 5 天	
第 6 天	
第 7 天	

谁是老实人

难度等级　★★★☆☆

在老王、老张、老李、老林和老刘这五个同事当中，有两个是绝对不说谎的老实人，但是另外三个人是骗子，所说的话里一定有谎话。下面是他们五个人所说的话——老王：老张是个骗子。老张：老李是个骗子。老李：老刘是个骗子。老林：老王和老张他俩都是骗子。老刘：老王和老林，人家两个可都是老实人。

请你根据他们所说的这些话，找出哪两个人是真正的老实人。

遛　狗

难度等级　★★★★☆

9个女孩每天都带着她们各自的宠物狗出去散步。她们每次分3组，每组3个人，4天之中，她们中的任意2个女孩都只有一次机会被分到同一组。

请问应该怎样给她们分组呢？

第1天			
第2天			
第3天			
第4天			

尤克利的电话线路

难度等级　★★★★★

直到去年，尤克利地区才消除了对电话的抵制情绪。虽然现在已着手安装电话，但是由于计划不周，进展比较缓慢。

直到今天，该地区的六个小镇之间的电话线路还很不完备。A镇同其他五个小镇之间都有电话线路；而B镇、C镇却只与其他四个小镇有电话线路；D、E、F三个镇则只同其他三个小镇有电话线路。

如果有完备的电话交换系统，上述现象是不难克服的。因为，如果在A镇装个电话交换系统，A、B、C、D、E、F六个小镇都可以互相通话。但是，电话交换系统要等半年之后才能建成。在此之前，两个小镇之间必须装上直通线路才能互相通话。

现在，我们还知道D镇可以打电话到F镇。

请问E镇可以打电话给哪三个小镇呢？

男孩的特征

难度等级　★★★☆☆

一个班有20个男孩，其中有14个人是蓝眼睛，12个人是黑头发，11个人体重超重，10个人非常高。

请问一共有多少个男孩同时具备这4个特征？

篮球比赛

难度等级 ★★★☆☆

五所中学进行篮球比赛，每所中学互相进行一场循环赛。

比赛的结果如下：

请问五中的成绩如何？

一中	2胜2败
二中	0胜4败
三中	1胜3败
四中	4胜0败

邻　居

难度等级 ★★★★☆

L先生、M先生和Q先生三个人住在一幢公寓的同一层。

一个人的房间居中，与其他两人左右为邻。

他们每个人都养了一只宠物：不是狗就是猫；

每个人都只喝一种饮料：不是茶就是咖啡；

每个人都只采用一种抽烟方式：不是烟斗就是雪茄。

条件：

L先生住在抽雪茄者的隔壁；

M先生住在养狗者的隔壁；

Q先生住在喝茶者的隔壁；

没有一个抽烟斗者喝茶；

至少有一个养猫者抽烟斗；

至少有一个喝咖啡者住在一个养狗者的隔壁；

任何两个人的相同嗜好不超过一种。

请问：谁住的房子居中间？

业绩竞赛

难度等级 ★★★☆☆

公司的业绩竞赛中，婷婷、阿亮、佳佳、小程分别获得前四名。成绩公布前，他们作了一次自我估计：

婷婷说："我不可能得到第四名。"

阿亮说："我能得到第二名。"

佳佳说："我比婷婷高一个名次。"

小程说："我比佳佳高两个名次。"

成绩公布之后，他们之中只有一人估计错误。请问，他们各自得到第几名？

爱因斯坦的谜题

难度等级 ★★★★★

这是爱因斯坦在20世纪初出的谜题，据说当时世界上有98%的人答不出来。

（1）在一条街上，有5座房子，喷了5种颜色。

（2）每座房子里住着不同国籍的人。

（3）每个人喝不同的饮料，抽不同品牌的香烟，养不同的宠物。

提示：

（1）英国人住红色房子。

（2）瑞典人养狗。

（3）丹麦人喝茶。

（4）绿色房子在白色房子左面隔壁。

（5）绿色房子主人喝咖啡。

（6）抽Pall Mall香烟的人养鸟。

（7）黄色房子主人抽Dunhill香烟。

（8）住在中间房子的人喝牛奶。

（9）挪威人住第一间房。

（10）抽Blends香烟的人住在养猫的人隔壁。

（11）养马的人住在抽Dunhill香烟的人隔壁。

（12）抽Blue Master的人喝啤酒。

（13）德国人抽Prince香烟。

（14）挪威人住蓝色房子隔壁。

（15）抽Blends香烟的人有一个喝水的邻居。

问题是：谁养鱼？

答案与提示

多余的第四个

有。分别如下：

第一组中，苹果、梨、橘子为水果，“多余的”第四个为西红柿，它是蔬菜。

第二组中，刮脸刀、剪刀、铅笔刀为刀具，“多余的”第四个是铅笔，它是书写工具。

第三组中，斧子、电锯、电钻是木匠工具，“多余的”第四个是钉子，为钉接物。

第四组中，小号、大号、萨克斯管为管乐器，“多余的”的第四个是

小提琴，为弦乐器。

猜名字

是B的名字。很明显，A与C两人之中只有一人是对，因为他俩的判断是矛盾的。如果A正确的话，那么B也是正确的，与老师说的“只有一人猜对了”矛盾，所以A必是错误的。这样，只有C是正确的。B的判断是错的，那么他的相反判断就是正确的，即B的名字是正确的，所以老师手上写的是B的名字。

寻找果汁

甲瓶子：可乐。

乙瓶子：白酒。

丙瓶子：果汁。

丁瓶子：啤酒。

拉格朗日定理

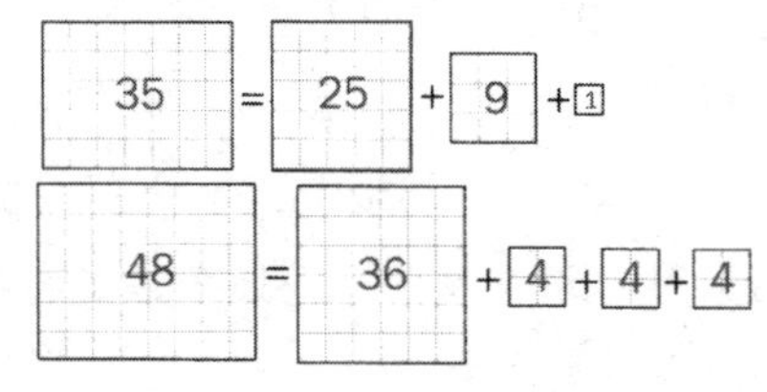

王　牌

据（1），（2），（3），此人手中四种花色的分布是以下三种可能情况之一：

（a）1237

（b）1246

（c）1345

根据（6），情况（c）被排除，因为其中所有花色都不是两张牌。根据（5），情况（a）被排除，因为其中任何两种花色的张数之和都不是六。因此，（b）是实际的花色分布情况。根据（5），其中要么有两张红心和四张黑桃，要么有四张红心和两张黑桃。根据（4），其中要么有一张红心和四张方决，要么有四张红心和一张方块。综合（4）和（5），其中一定有四张红心，从而一定有两张黑桃。因此，黑桃是王牌花色。

概括起来，此人手中有四张红心、两张黑桃、一张方块和六张梅花。

中国古代的圣人

略 。

职　务

由“丙比组长年龄大”知道，丙不是组长，丙的年龄比组长的大。

由“学习委员比乙年龄小”知道，乙不是学习委员，乙的年龄比学习委员的大。

由“甲和学习委员不同岁”知道，甲不是学习委员。

既然知道了甲和乙都不是学习委员，那么丙就一定是学习委员了。3个人的年龄顺序是：乙 > 学习委员，丙 > 组长。从这一顺序上看，乙不是组长，那他一定是班长了，而组长则是甲了。

点餐风波

坐在C位置上的萧先生点了牛排。

解答此题的关键在于“邻座的人都点了不一样的东西”。因此，只要顺利排出各人所点的东西，并且填入他们的主菜，就能得出正确答案。

根据提示，萧先生及坐在B位置的人都点了玉米浓汤，换言之，萧先生一定是坐在C位置；因为李先生及连先生都点了冰咖啡，这两人必定是相对而坐，那么，连先生坐在D位置已是毋庸置疑了。

座位	人物	主菜	汤	饮料
A	李先生	鸡排	洋葱汤	冰咖啡
B	?	猪排	玉米浓汤	果汁
D	连先生	羊排	罗宋汤	冰咖啡
C	萧先生	?	玉米浓汤	热红茶

姓氏配对

根据题目条件推论四位女孩的姓名分别是：安妮·琼斯，梅莉·哈文，绮拉·史密斯和米妮·安德鲁。

说谎的姐妹

假设当时是下午，因为姐姐下午是说假话的，所以姐姐（虽然还不清楚哪一个是）理应说出“我不是姐姐”，但那个人没有得到这样的回答。因此，当时显然是上午。只要确定时间是上午，那么说真话的就是姐姐。由此可知，胖小姐是姐姐。

字母推理

运用科学归纳法，将第一行的字母顺序改变为数字顺序。观察、分析第二行字母与第三行字母的排列规律，就会发现下一行都是上一行的第4、3、5、2、1个字母。因此可以断定，第四行的字母也应分别是第三行的第4、3、5、2、1个字母。

A、B、C、D、E（1、2、3、4、5）

D、C、E、B、A（4、3、5、2、1）

B、E、A、C、D（4、3、5、2、1）

C、A、D、E、B（4、3、5、2、1）

家庭比赛

吴参赛四次，刘某因故没有参赛，可以知道吴与刘是夫妻；孙某参赛三次，未参赛的一次由钱某代替，可以知道孙和钱是夫妻；同理可知赵和周是夫妻、李和张是夫妻、王和郑是夫妻。

等　式

我们不必一一进行演算，只需演算完第一个式子与第二个式子，就可以发现一个规律：1×8+1=9，12×8+2=98……即某数乘以8，再分别加上1、2、3……为了验证这个规律，我们可以按此规律再演算最后一个式子，发现这个规律仍然适用。于是，我们就可以在科学分析的基础上，归纳出这些等式的规律。

玩具世界

依题意可得，多多有一个狗、一个熊宝宝、一个洋娃娃。

玛瑙戒指

因为奇奇和兜兜的话是相互矛盾的，所以2人之中必有1人在撒谎。

假设奇奇说的是真话，那么兜兜的话就是假的，从奇奇的话来看，天天是妖性的女子，就是说撒谎的兜兜戴着玛瑙戒指了，这样的话，天天的话就不是假的了。

所以，奇奇的话应该是假的（而且，天天不是妖性女子），兜兜的话是真的。

因为天天的话是假的，所以天天应该戴着玛瑙戒指，撒谎的奇奇就是妖性女子了。

古希腊的传说

假设玛丽是受害者，那么露西的话虽然是对受害者说的但却是真的，所以，玛丽不可能是受害者。

假设瑞利是受害者，那么玛丽和劳尔的发言虽然是对被害者说的却又是真的。所以，瑞利不可能是受害者。

猜星期几

七个人说的话，可以分别用另一种方式来表示：

A：“今天是星期一。”

B：“今天是星期三。”

C：“今天是星期二。”

D：“今天是星期四，或星期五，

或星期六，或星期日。”

E：“今天是星期五。”

F：“今天是星期三。”

G：“今天是星期一，或星期二，或星期三，或星期四，或星期五，或星期六。”

只被提到一次的日子是星期日。如果这一天是别的日子，那么讲对的就不止一个人了。因此，今天一定是星期日。D所说的是正确的。

李经理的一周行程

解题关键在于以表格方式列出重点，便能推论李经理必须在“星期五”才能完成所有事情。

动物园

依据题目的4项条件可推论出：猴子9只；熊猫13只；狮子7只。

最多有几人

M城居民的总数最多不可能超过518人。

把M城的所有居民依据他们头发的数量由少至多按顺序编号。在这个编号中，以下两个条件必须满足：①1号居民没有头发；②n号居民的头发数量是$n-1$根。例如，2号居民的头发是1根，100号居民的头发是99根，以此类推。否则，居民的总数不可能比任何一个居民的头发的总数多。

如果居民的人数超过518人，则编号大于518的居民的头发的数量就会与他们的编号相等，不符合条件(2)。因此，M城居民的总数不可能超过518人。

餐厅聚会

7位年轻人要隔许多天以后才能在餐厅相聚一次，此天数加1必须能被1～7之间的所有自然数整除。1～7的最小公倍数是420，意即他们每隔419天才能在餐厅相聚。由于上一次聚会是在2月29日，可知这一年是闰年，则第二年的2月就只有28天。依此推断，他们下一次相聚是在第二年的4月24日。

超强记忆

对这类图形记忆题，可以采取分类归纳的方法记忆，比如将最外层图形是方形的归为一类、圆形的归为一类、不规则的归为一类，然后再一组一组地记忆。

魔女游戏

依其对话分析可知，戴黄色发簪

的是光光；戴白色发簪的是贝贝，变成了魔女；戴蓝色发簪的是沐沐；戴黑色发簪的是乔乔。

拿错雨伞

根据题中的描述，可以列出每个人可能错拿的雨伞的主人，如下：

拿伞人	伞的主人	
赵金	孙铜	周锡
钱银	周锡	赵金
孙铜	赵金	李铁
李铁	赵金	钱银
周锡	钱银	孙铜

因为“没有两个人相互错拿了对方的伞”，所以赵金与孙铜不可能互拿对方的伞，周锡与钱银不可能互拿对方的伞。因此，赵金拿了周锡的伞，钱银拿了赵金的伞，孙铜拿了李铁的伞，周锡拿了孙铜的伞，李铁拿了钱银的伞。

休闲小镇

根据已知条件分析，餐厅在星期一、星期二、星期四、星期五和星期六开门营业，在星期日和星期三关门休息；而其中连续三天的第三天关门休息，因此，其第一天不是星期五就是星期一。

由于一星期中没有一天餐厅、百货公司和蛋糕店全都开门营业，而蛋糕店在星期四和星期五关门休息，所以丁丁到达休闲城镇的那一天，蛋糕店开门营业，可推论出是“星期一”。

三张扑克牌

这三张牌，从左到右依次为：红桃 K、红桃 A 和方块 A。

足球比赛

因为是循环赛，每两队间不可能赛两场。中国队得 3 分，只会输；意大利队得 7 分，没赢；所以这两个队尚未比赛，比赛只进行了两场。中国队输给了巴西队，而巴西队得 21 分不可能胜两场，所以巴西队、意大利队踢平。意大利队得 7 分，进了两个球，它与巴西队的比赛比分是 2 比 2。巴西队在同中国队的比赛中得了 14 分，踢进了四个球，比分为 4 比 3。

狗儿们的话

棕色衣服的狗：卡卡家的多多；黄色衣服的狗：德拉家的汪汪；白色衣服的狗：德拉家的咪咪；灰色衣服的狗：卡卡家的依依。

推测符号

填△。

如果细心观察，你会发现各符号的排列规则是从中心向外、按照“○、△、×”的次序旋转填充。

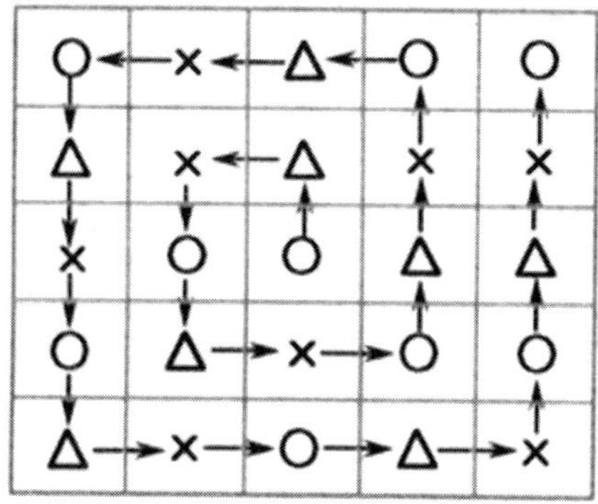

乌龟赛跑

假设丙的话是真话，那么丁的话也是真话了，从而，甲的话也是真话，所以乙上次是第二名。因此，上次的第一名既不是乙也不是丙，所以应该是丁或者甲。但是，无论哪个是上次的第一名，本应该都说真话的丙和丁的话至少有一个会是假话。所以，丙的话只能是假话（名次下降，而且丁的名次没有上升）。

由于丙不是上次的第一名，这次的名次下降，所以这次是在第三名以下。所以，乙的话是假话，乙的名次也下降了。

常胜将军

李先生的女儿。

根据（1）和（2）可知，四个人中有三个人的年龄相同。由于李先生的年龄肯定比他的儿子和女儿的年龄大，那么年龄相同的必定是他的儿子、女儿和妹妹，这样，李先生的儿子和女儿必定是（1）中所指的双胞胎。因此，李先生的儿子或者女儿是“常胜将军”，而他的妹妹是表现最差的选手。根据（1），确定“常胜将军”是李先生的女儿。

7只小鸟

时　间	觅食的小鸟序号		
第1天	1	2	3
第2天	1	4	5
第3天	1	6	7
第4天	2	4	6
第5天	2	5	7
第6天	3	4	7
第7天	3	5	6

谁是老实人

正确的答案是老王跟老李是真正的老实人。

我们先假设老张是老实人。那么，把老李说的话颠倒过来，老刘就成了老实人。这样一来，老王和老林也都成了老实人了，这样就超过只有两个老实人的限制了。

那假设老林是老实人的话，把老王说的话颠倒过来，老张就成了老实人。但是，照老林的说法，老张应该是个骗子，这样就产生矛盾了。

再假设老刘是老实人，则老王跟老林就又成了三个老实人，所以也行不通。

遛　狗

首先看这 9 个女孩可能组成多少对。如表格所示，一共可以组成 36 对。

每一组 3 人中可以组成不同的 3 对，因此每一对在 12 组（每天 3 组，一共 4 天）中只会出现一次。下面是符合条件的分组方法：

第1天	1　2　3	4　5　6	7　8　9
第2天	1　4　7	2　5　8	3　6　9
第3天	1　5　9	2　6　3	3　4　8
第4天	1　6　8	2　4　9	3　5　7

尤克利的电话线路

首先可以确定：E 镇与 A 镇之间有电话线路，因为 A 镇同其他五个小镇都有电话线路。那当然包括 E 镇在内了。其余的是哪两个小镇呢？我们从 B、C 两个小镇开始推理。

假设 B、C 两小镇之间没有电话线路，那么 B、C 两镇必然分别可以同 A、D、E、F 四个小镇通电话。

如果 B、C 两镇分别同 A、D、E、F 四个小镇通电话，那么，只有三条电话线路的 D、E、F 三个镇就只能分别同 A、B、C 三个镇通电话。

如果是这样，那么，在 D、E、F 之间是不能通电话的。

但是，已知 D 镇与 F 镇之间有电话线路，因此，B、C 之间没有电话线路的假设是不能成立的。换句话说，B、C 两小镇之间有电话线路。

那么，有四条线路的 B 镇和 C 镇又可以同哪些小镇通电话呢？

从以上的推理中得知，B 镇、C 镇分别同 A 镇有电话线路，而它们相互之间又没有电话线路。另外的两条线路是通向哪里的呢？

假设 B 镇的另外两条线路一条通 D 镇，一条通 F 镇；C 镇的电话线路也是一条通 D 镇，另一条通 F 镇。

如果这个假设成立，那么 D 镇、F 镇就将各有四条线路通往其他小镇。但是，我们知道，D、F 两镇都只同三个小镇有电话联系，所以，上述假设不能成立。

假设 B、C 两镇同 D、F 镇之间都没有电话线路。

如果这个假设成立，那么，B、C 两镇就只有三条线路同其他小镇联系，这又不符合 B、C 各有四条电话线路的已知条件。所以，以上的假设也不成立。

从以上的分析只能推出 B、C 两镇各有一条电话线路通向 E 镇。B 镇的另一条线路或者通向 D 镇，或者通向 F 镇，C 镇的另外一条线路或者通向 D 镇，或者是通向 F 镇。

而对于 E 镇来说，它肯定可以同 A、B、C 三个小镇通电话。

男孩的特征

从表格可以很直观地看出，最少有 1 个人、最多有 10 个人同时具备这 4 个特征。

1	2	3	4	5	6	7	8	9	10	11	12	13	14	15	16	17	18	19	20
						蓝眼睛													
				黑头发															
						超重													
				非常高															

1	2	3	4	5	6	7	8	9	10	11	12	13	14	15	16	17	18	19	20
						蓝眼睛													
													黑头发						
						超重													
															非常高				

篮球比赛

3 胜 1 败。

总共有 10 场比赛，各校都必须跟其他四校对打一场，因此 4×5＝20（场），但是每场有两校出赛，所以 20÷2＝10（场），意即总共会有 10 胜。一中至四中合计共有 7 胜，则剩下的 3 胜便是五中。因此五中有一败，其成绩为 3 胜 1 败。

邻　居

这道题中，判定哪些嗜好组合可以符合这三个人的情况；然后判定哪一个组合与住在中间的人相符合。根据题中的条件，每个人的嗜好组合必是下列的组合之一。

组合一：咖啡，狗，雪茄；

组合二：咖啡，猫，烟斗；

组合三：茶，狗，烟斗；

组合四：茶，猫，雪茄；

组合五：咖啡，狗，烟斗；

组合六：咖啡，猫，雪茄；

组合七：茶，狗，雪茄；

组合八：茶，猫，烟斗。

根据“没有一个抽烟斗者喝茶”可以排除上面的组合三和组合八。

根据“至少有一个养猫者抽烟斗”，组合二是某个人的嗜好组合。

根据“任何两个人的相同嗜好不超过一种”，组合五与组合六可以排除；组合四和组合七不可能分别是某两个人的嗜好组合，因此，组合一必定是某人的嗜好组合。

根据这一条件，还可以排除组合七，于是余下的组合四必定是某人的嗜好组合。

再根据“L 先生住在抽雪茄者的隔壁；M 先生住在养狗者隔壁；Q 先生住在喝茶者的隔壁”这三个条件，住居中房间的人符合下列情况之一：

抽烟斗而又养狗；

抽烟斗而又喝茶；

养狗而又喝茶。

既然这三人的嗜好组合分别是组合一、组合二、组合四，那么住居中房间者的嗜好组合必定是组合一或组合四，如下所示：“组合二”——“组合一”——“组合四”、“组合二”——“组合四”——“组合一”，再根据“至少一个喝咖啡者住在一个养狗者的隔壁”。组合四不可能是住房居中者的组合，因此，根据“Q 先生住在喝茶者的隔壁”，所以判定 Q 先生的房间居中。

业绩竞赛

依其对话分析可知，婷婷得第四名，阿亮得第二名，佳佳得第二名，小程得第一名，因此只有婷婷估计错误。

爱因斯坦的谜题

挪威人住黄屋子，抽 Dunhill，喝水，养猫；

丹麦人住蓝屋子，抽 Blends，喝茶，养马；

英国人住红屋子，抽 Pall Mall，喝牛奶，养鸟；

德国人住绿屋子，抽 Prince，喝咖啡，养鱼；

瑞典人住白屋子，抽 Blue Master，喝啤酒，养狗。

所以答案是，德国人养鱼。

推导记忆法的训练游戏

推导记忆法是将记忆事物中本质的必然的联系在推导的过程中加以深化认识并记住的方法。运用推导法记忆显然是一种较为高级的记忆方法，它的最直接最突出的优点是可以减轻大脑记忆的负担，并掌握一把可解开许多难题的钥匙。

使用推导记忆法要注意：不是在一般意义上懂得记忆材料，而是必须明确了解材料与材料之间的联系，并从大量纷繁复杂的材料中抽象出本质的东西，得出统一的定理、法则、公式。如果浅尝辄止、一知半解，则是不可能得到正确的记忆结果的。

推导记忆法有广阔的应用范围。但它的长处本身也蕴含着弱点：就是要求使用这种方法记忆的人，必须具备较高水平的思维能力。如果不能思考，不能透过现象抓住本质，进而推导演绎事物的特性，就会失去运用这种方法的前提，但这又不是绝对的。

本章游戏着眼于提高你的推导、演绎和演算的能力，通过推导来加深对识记材料的印象，达到深刻记忆的效果。

卡洛尔的难题

难度等级 ★★★☆☆

英国剑桥大学数学讲师卡洛尔曾出过下面这道题目来测验他的学生的逻辑思维能力。题目是这样：

（1）教室里标有日期的信都是用粉色纸写的。

（2）丽萨写的信都是以“亲爱的”开头的。

（3）除了约翰外，没有人用黑墨水写信。

（4）皮特没有收藏他可以看到的信。

（5）只有一页信纸的信中，都标明了日期。

（6）未作标记的信都是用黑墨水写的。

（7）用粉色纸写的信都收藏起来了。

（8）一页以上信纸的信中，没有一封是做标记的。

（9）约翰没有写一封以“亲爱的”开头的信。

根据以上信息，判断皮特是否可以看到丽萨写的信。

照片上的人

难度等级 ★★★☆☆

佩琪在学校看照片。当同学问佩琪照片中的人时，她回答：“她的丈夫的母亲，是我丈夫的父亲的妻子的女儿，而我丈夫的母亲只生了他一个孩子。”请问，佩琪在看谁的照片？

猫咪的名字

难度等级 ★★★☆☆

宠物照片中有6只小猫，它们长相相似，但名字却不同。请根据以下线索，指出这6只小猫的名字分别为何？

提示如下：

（1）称为“咪咪”的在上面一排。

（2）称为“花花”和“球球”的在同一排里。

（3）称为“花花”的（不是D）在“咪咪”的左边。

（4）“球球”的左边是“B或E”，“黑黑”在中央位置（B或E）。

（5）称为“忽忽”的在“兰兰”的右侧。

避暑山庄

难度等级 ★★★☆☆

A、B、C 和 D 四个人分别在上个月不同时间入住到避暑山庄，又在不同的时间分别退了房。现在只知道：

（1）滞留时间（比如从 4 日入住，5 日离开，滞留时间为 2 天。）最短的是 A，最长的是 D。B 和 C 滞留的时间相同。

（2）D 不是 8 日离开的。

（3）D 入住的那天，C 已经住在那里了。

入住时间是：1 日、2 日、3 日、4 日。

离开的时间是：5 日、6 日、7 日、8 日。

根据以上条件，你知道他们四个人分别的入住时间和离开时间吗？

互不相通的房间

小明有两个兄弟，他们分别住在 3 间互不相通的房间，其门上都有两把钥匙。请问，如何安排房间的钥匙，才能保证小明三兄弟随时都能进入每个房间？

齿轮转圈

难度等级 ★★★★☆

如图所示，4 个齿轮构成了一个闭合装置。4 个齿轮分别有 14、13、12 和 11 个齿。

请问最大的那个齿轮转多少圈，可以使所有的齿轮都回到原来的位置（也就是各个标记的齿和图中的黑色三角形再次相对）？

齿轮片语

难度等级 ★★★★★

如图所示，这 12 个相契合的齿轮周围分别都写有字母（每个齿轮中间的数字代表这个齿轮有多少个齿）。在多次旋转或者局部旋转之后，从左上方的大齿轮（红色）开始，这些齿轮连接处的字母将会顺时针拼成一句英文。

你能否告诉我们从现在开始到你能读出一句完整的话，最大的齿轮需要转多少圈？

家庭关系

难度等级 ★★★★☆

爷爷曾经讲过这个故事。在他的一次生日宴会上，当时有 10 位家庭成员，此外还有许多客人。其中，有 1 个祖父和 1 个外祖父、1 个祖母和 1 个外祖母，3 个父亲和 3 个母亲，3 个儿子和 3 个女儿，1 个婆母和 1 个岳母，1 个公公和 1 个岳父，1 个女婿和 1 个儿媳，2 个弟兄和 2 个姐妹。

那么，你能判断出参加爷爷生日宴会的家庭成员的家庭关系吗？

圣诞老人

难度等级 ★★★★☆

5个圣诞老人约好周末参加一次圣诞聚会。他们都不是在同一个时间到达约会地点的：A不是第一个到达约会地点；B紧跟在A的后面到达约会地点；C既不是第一个也不是最后一个到达约会地点；D不是第二个到达约会地点；E在D之后第二个到达约会地点。

你知道他们到达约会地点的先后顺序吗？

仙女和仙桃

难度等级 ★★★☆☆

4个仙女手中拿着仙桃，每个人的数量不同，4个到7个之间。然后，4个人都吃掉了1个或2个仙桃，结果剩下的每个人拥有的仙桃数量还是各不相同。

4人吃过仙桃后，说了如下的话。其中，吃了2个仙桃的人撒谎了，吃了1个仙桃的人说了实话。

西西：“我吃过红色的仙桃。”

安安：“西西现在手里有4个仙桃。”

米米：“我和拉拉一共吃了3个仙桃。”

拉拉：“安安吃了2个仙桃。米米现在拿着的仙桃数量不是3个。”

请问最初每人有几个仙桃，吃了几个，剩下了几个呢？

帽子与贴纸

难度等级 ★★★☆☆

有5个贴纸，其中3个为红色，2个为蓝色。

任意拿出3个贴纸分别贴在3位数学家的帽子上，并将另外2个藏起来。

这些数学家的任务就是要说出自己帽子上贴纸的颜色（不许看镜子，不许把帽子拿下来，也不能做其他小动作）。

他们中的2个人分别说了一句话，如图所示。请问数学家C帽子上的贴纸是什么颜色的？

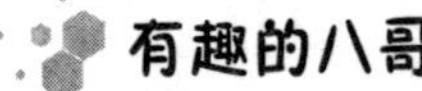

有趣的八哥

难度等级 ★★★☆☆

罗伯特、莉萨、艾咪是3只八哥鸟，它们分别来自3个国家。其中来自A国的八哥一直说真话；来自B国的八哥一直说谎话；来自C国的八哥特别有趣，它总是先说真话再说假话。

对于这3只难以应付的八哥，主人偷偷录下它们的对话，请根据以下对话分别说出这3只八哥来自哪个国家。

罗伯特说："艾咪来自C国，我来自A国。"

莉萨说："罗伯特来自B国。"

艾咪说："莉萨来自B国。"

滚动色子（1）

难度等级 ★★★☆☆

使色子的一面与棋盘格的大小相等，然后将色子滚动到邻近的棋盘格，那么每移动一次，色子朝上那一面的数字就会变化。

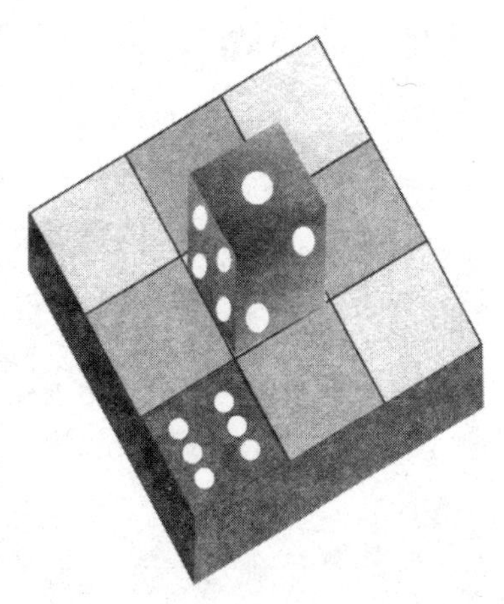

如图所示，一个色子放在棋盘

格的中央，要求滚动 6 次色子，每次滚动一面，使得它最后落在图中所示的格子里，并且色子的“6”朝上。

滚动色子（2）

难度等级　★★★☆☆

如图所示，你能否将 6 个色子分别滚动 6 次，滚动到指定的格子里，并且最后朝上的那一面分别是“1”，“2”，“3”，“4”，“5”，“6”？

保险箱

难度等级　★★★★☆

这是一个很特殊的保险箱。最后一个按钮上标有“F”，根据所给的提示，找出密码的第一位。比如“指向里移一格，10 则向外移一格”，1c 表示顺时针移动一格，1a 表示逆时针移动一格。注意：每个按钮只能按一次。

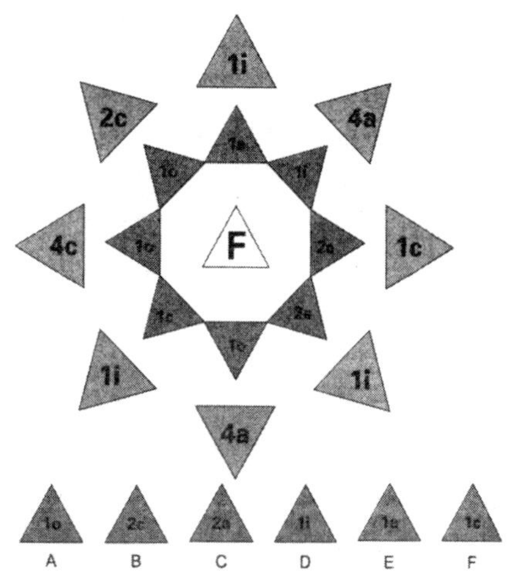

移走木框

难度等级　★★★☆☆

下边的这些木框可以一个一个地移走，并且它们之间互不干扰。

请问应该按照什么顺序移走这些木框？如果你答对了这道题，那么这些木框上的字母将会组成一个英文单词（按照你移走木框的顺序）。

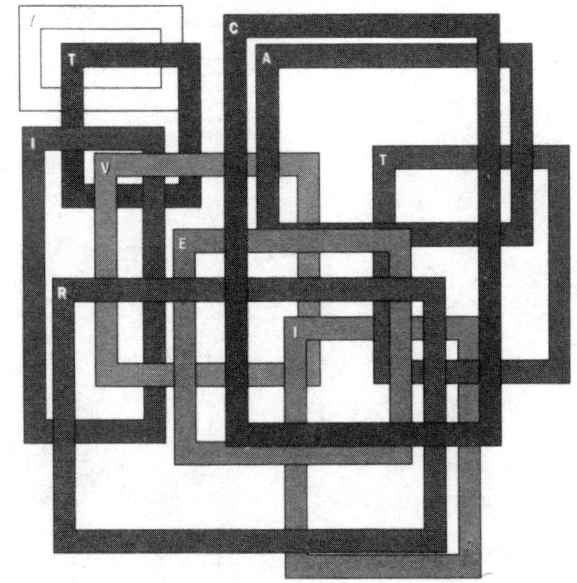

开灯关灯

难度等级　★★★★☆

对一批编号为 1 ~ 100、全部开关朝上（开）的灯进行以下操作：凡其编号是 1 的倍数的灯，对其反方向拨一次开关；对编号为 2 的倍数的灯，反方向再拨一次开关；对编号为 3 的倍数的灯，反方向又拨一次开关……

请问最后为熄灭状态的灯的编号是多少？

父亲和儿子

难度等级　★★★☆☆

父亲和儿子的年龄个位和十位上的数字正好颠倒，而且他们之间相差 27 岁。请问父亲和儿子分别多大？

3个人决斗

难度等级 ★★★★☆

汤姆、比尔和迈克3个人准备决斗。他们抽签来决定从谁开始，每个人选一个对手，向他射击，直到最后只剩下一个人。

汤姆和比尔的命中率都是100%，而迈克的命中率只有50%。

谁活下来的可能性最大？

猫和老鼠

难度等级 ★★★☆☆

3只猫和3只老鼠想要过河，但是只有一条船，一次只能容纳2只动物。无论在河的哪一边，猫的数量都不能多于老鼠的数量。

它们可以全部安全过河吗？船最少需要航行几次才能将它们全都带过河？

谁是谁

难度等级 ★★★☆☆

汤姆总是说真话；狄克有时候说真话，有时候说假话；亨利总是说假话。请问图中的3个人分别是谁？

魔　球

难度等级　★★★☆☆

5 个魔球里分别装有红、绿、黄、黑、蓝 5 种颜色的钻石。博士让 A、B、C、D、E 五个人猜魔球里钻石的颜色，猜中了就把里面的钻石奖给他。

A 说：第二个魔球是蓝色，第三个魔球是黑色。

B 说：第二个魔球是绿色，第四个魔球是红色。

C 说：第一个魔球是红色，第五个魔球是黄色。

D 说：第三个魔球是绿色，第四个魔球是黄色。

E 说：第二个魔球是黑色，第五个魔球是蓝色。

答案揭晓后，5 个人都猜对了一个，且每人猜对的颜色都不同。

小丑表演

难度等级　★★★★☆

右下角的小丑正在拉绳子。对于挂在绳子上的 7 个杂技演员来说，会发生什么事？他们当中哪些会上升，哪些会下降？

真假难辨

难度等级 ★★★☆☆

这些人分别来自于托特和弗尔斯家。托特家的人总是讲真话，而弗尔斯家的人总是讲假话。

这些人分别是谁家的，请在他们脚下的方框里填上恰当的字母。

第3支铅笔

难度等级 ★★★★☆

在这堆铅笔中，按照从下往上数的顺序，哪支铅笔是第3支呢？

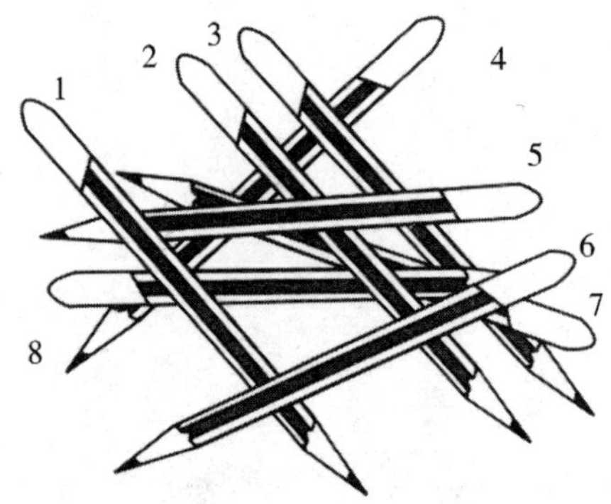

转向何方

难度等级 ★★★★☆

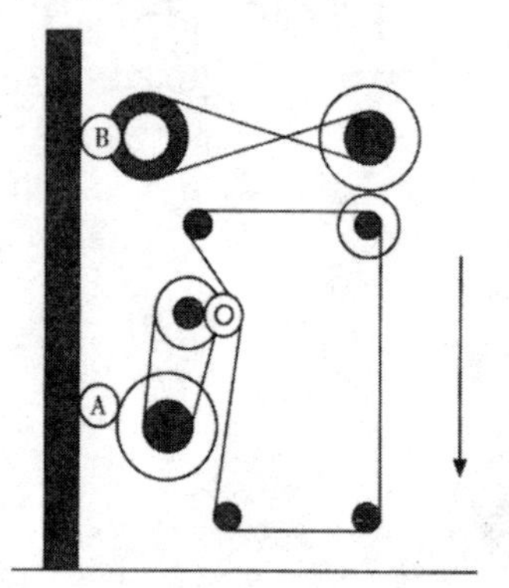

图中的黑色圆圈表示滑轮，白色圆圈表示齿轮，直线表示连接滑轮的传送带。那么，当右侧的传送带按箭头所示方向运动时，轮子A和B各往哪个方向转动？

上升还是下降

难度等级 ★★★★☆

在下面一组齿轮、杠杆和转轮的组合中，黑色的点是固定支点，白色的点是不固定支点。如果如图所示推一下不固定支点，终端的物体A和B会上升还是下降？

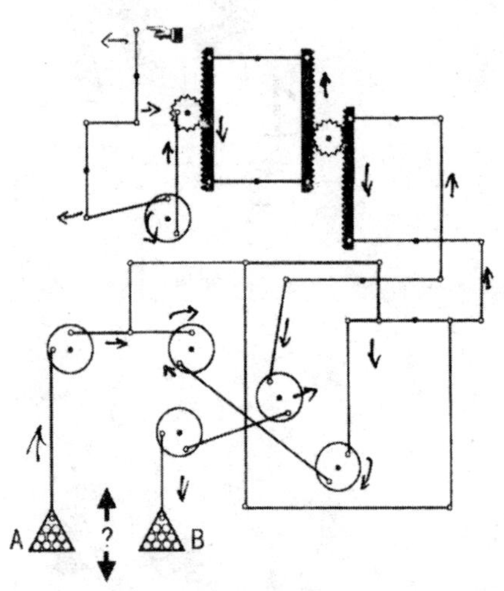

买的什么文具

难度等级 ★★★★☆

东东、西西和南南三人去商店买文具，他们每人买的不是铅笔就是笔

记本。已知下列情况：

（1）如果东东买的是铅笔，那么西西买的就是笔记本。

（2）东东或南南买的是铅笔，但是不会两人都买铅笔。

（3）西西和南南不会两人都买笔记本。

你知道谁昨天买的是铅笔，今天买的是笔记本？

GLASGOW 趣题

难度等级 ★★★★☆

如下图所示：有 8 个圆圈，其中 7 个圆圈上面依次标着字母 G、L、A、S、G、O、W，连起来读作“格拉斯哥”，这是苏格兰西南部一个城市的名字。

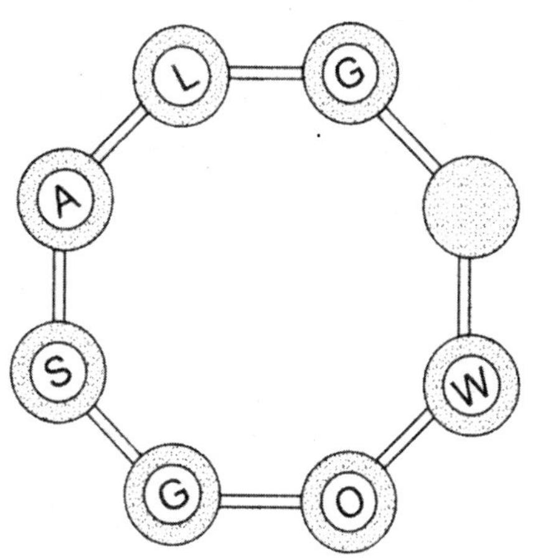

按照现在的排列，这个地名是按逆时针方向拼读的。

解题的要求是每次移动一个字母，使 GLASGOW 这个地名最后可以按照正确的方向（顺时针方向）拼读。

移动字母的规则是：

1. 如果旁边有一个圆圈空着，可以走一步；

2. 可以跳过一个字母走到它旁边的空圆圈内去。这样，按照 LSOGAG-WAGSO SWAGSO 的顺序移动字母，就可以达到目的。但一共要走 17 步。

你能少走几步来实现上述目标吗？这个词从哪个圆圈开始读都可以，只要是顺时针方向就行。

哪一个方向错了

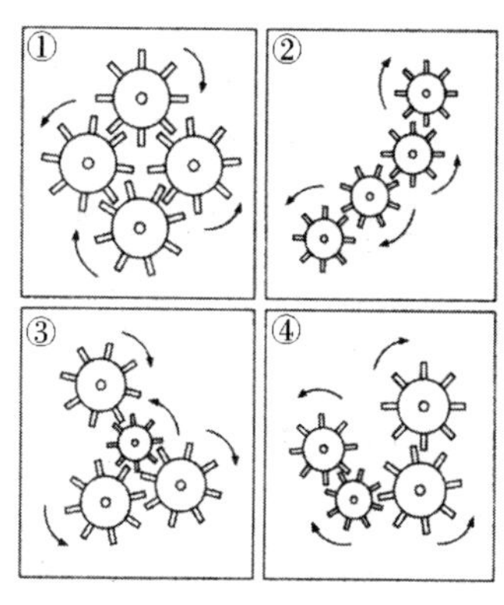

四个齿轮互相咬合着转动，图

中标示出了每个齿轮转动的方向，但是其中有一组的方向是胡乱画上去的，使它们成了一组不能转动的齿轮。你能找出哪一组齿轮的方向画错了吗？

答案与提示

卡洛尔的难题

不能。由（1）知：标有日期的信——用粉色纸写的；（2）知：丽萨写的信——“亲爱的”开头；（3）知：不是约翰写的信——不用黑墨水；（4）知：收藏的信——不能看到；（5）知：只有一页信纸的信——标明了日期；（6）知：不是用黑墨水写的信——做标记；（7）知：用粉色纸写的信——收藏；（8）知：做标记的信——只有一页信纸；（9）知：约翰的信——不以“亲爱的”开头。

综上所知：丽萨写的信——不是约翰写的信——不是用黑墨水——做了标记——只有一页信纸——标明了日期——用粉色写的——收藏起来——皮特不能看到。所以，皮特不能看到丽萨写的信。

照片上的人

她丈夫的继母的外孙媳妇的照片。

猫咪的名字

A：花花；B：咪咪；C：球球；D：兰兰；E：黑黑；F：忽忽。

根据题目得知，D不是“咪咪”，（1），不是“花花”（2），也不是“球球”（3），也不是“黑黑”（4），也不是“忽忽”（5），所以是“兰兰”。进而分析A不是“咪咪”，（3），不是“球球”（4），也不是“黑黑”（4），也不是“忽忽”（5），所以是“花花”。由（2）和（4）可知，“球球”是C。由（1）可知，“咪咪”是B。由（4）可知，“黑黑”是E。剩下的“忽忽”就是F。

避暑山庄

根据“滞留时间最长的是D”，“D不是8日离开的”，“D入住的那天，C已经住在那里了”以及“入住时间是：1日、2日、3日、4日。离开的时间是：5日、6日、7日、8日。”几个条件来看，虽然D入住的时间最长，最长也是从2日入住到7日离开的，所以D的滞留时间最多也就是6天。

那么由以上条件得知，C就是1日入住最早也要在5日离开，这样C的滞留时间就是5天了。那么，如果B是3日入住的，根据“B和C滞留的时间相同”B就是7日离开的，与D就重合了，所以B是4日入住的，8日离开的。剩下A就是3日入住的，6日离开的，滞留了4天。

因此可得知：

A是从3日入住到6日离开，滞留了4天；

B是从4日入住到8日离开，共滞留了5天；

C是从1日入住到5日离开，滞留了5天；

D是从2日入住到7日离开，共滞留了6天。

互不相通的房间

将3个房间命名为“甲、乙、丙”，三兄弟分别各拿一间的钥匙，再把剩余钥匙按如下述安排放置：甲房内挂乙房的钥匙，乙房内挂丙房的钥匙，丙房内挂甲房的钥匙。因此，无论谁先到家，都能凭着自己所拿的钥匙进入3个房间。

齿轮转圈

大齿轮旋转一圈，它的14个齿会契合其他的3个齿轮。

设为了使所有的齿轮都回到原来的位置，大齿轮需要转n圈。

那么13个齿的齿轮将会转$14n/13$整圈；

12个齿的齿轮将会转$14n/12$（即$7n/6$）整圈；

11个齿的齿轮将会转$14n/11$整圈。

也就是说，n必须被13，6和11整除。由此可知，n最小为$13\times6\times11=858$。大齿轮至少需要转858圈才能使所有的齿轮都回到原来的位置。

齿轮片语

如图所示，最后组成的句子是：“The impossible takes longer.”

最大的齿轮顺时针转动1/8圈就可以得到这句话。

这句话出自于一个无名氏之手，是美国海军工程营纪念碑上的碑铭，其原文是：“The difficult we do at once; the impossible takes a bit longer.”（困难我们可以马上克服，不可能的任务多一点时间就能完成。）

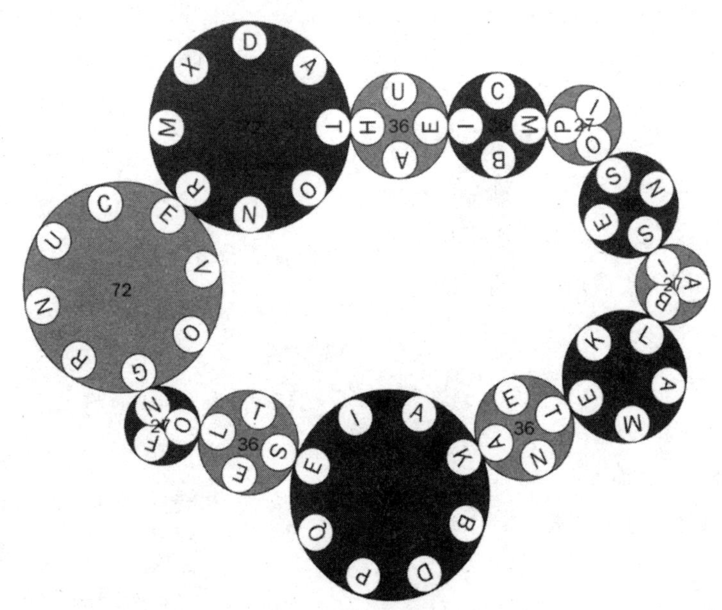

家庭关系

下面列出的是在场的家庭成员，其中也包括祖父、2 个兄弟、2 个姐妹，他们的父母，以及父母各自的父母——这样，对孩子而言就有 1 个祖父和 1 个外祖父，1 个祖母和 1 个外祖母。

圣诞老人

他们到达约会地点的先后顺序是：D、E、C、A、B。

依据题目给出的条件，很快就可以分析出 A、B、C、E 都不是第一个，只有 D 是第一个到达的。

由“E 在 D 之后”，可以知道两人的顺序是：D、E。

由“B 紧跟在 A 后面”得知两个人的顺序是：A、B。

由“C 不是最后一个到达约会地点”，可以得知这样的顺序：C、A、B。

所以，总的先后顺序是：D、E、C、A、B。

仙女和仙桃

西西最初有 6 个，吃了 2 个，剩下了 4 个；安安最初有 7 个，吃了 1 个，剩下了 6 个；米米最初有 5 个，吃了 2 个，剩下了 3 个；拉拉最初有 4 个，吃了 2 个，剩下 2 个。

帽子与贴纸

如果B和C的贴纸都是蓝色的，那么A就会知道自己头上的是红色的，但是A并不知道自己的颜色，因此B和C中至少有一个或者两个人都是红色的。如果C是蓝色的，B应该知道自己是红色的，但是B不知道，因此C的贴纸一定是红色的。

有趣的八哥

依对话内容分析：罗伯特来自A国；莉萨来自B国；艾咪来自C国。

滚动色子（1）

如图所示

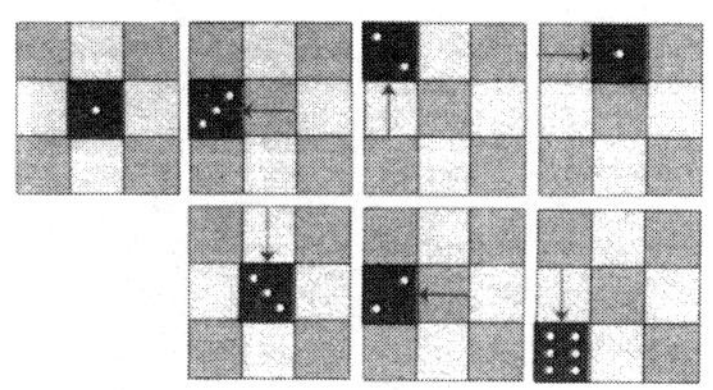

滚动色子（2）

从起点开始滚动色子，你可以使它最后在任何格子里以任何数字朝上。

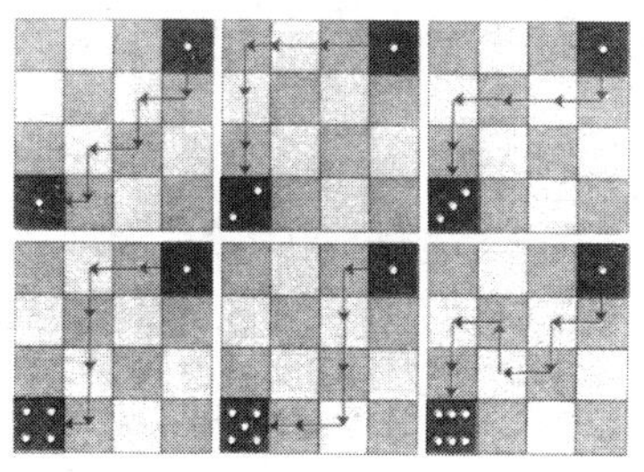

保险箱

B，内环的2c。

移走木框

当木框按照正确的顺序移走后，得到的单词是CREATIVITY。

开灯关灯

每个数都可以写成两个数相乘，这样拨偶数次就不会改变灯的状态，唯有一个数的平方形式会被拨奇数次，因此最后状态为熄灭的灯的编号为1、4、9、16、25、36、49、64、81、100。

父亲和儿子

可能的情况有以下几种：

父亲96岁，儿子69岁；

父亲85岁，儿子58岁；

父亲74岁，儿子47岁；

父亲63岁，儿子36岁；

父亲52岁，儿子25岁；

父亲41岁，儿子14岁。

从图中看，应该是最后一种情况。

3个人决斗

这个问题是博弈论的一个例子。博弈论诞生于1927年，当时约翰·

冯·诺依曼认识到在经济、政治、军事以及其他领域的决策与很多数学游戏的策略是相似的。他认为游戏上的这些策略可以应用到现实生活中。他与经济学家奥斯卡·摩根斯坦一起出版了《博弈论与经济行为》。

博弈论的很多结果都与我们的直觉相悖。比如说，在这道题中，迈克活下来的可能性最大，是汤姆和比尔的2倍。为什么呢?

汤姆和比尔最开始肯定会选择向对方射击（因为对方是自己最大的威胁），而接下来迈克则将射击活下来的那个人。他射中的概率为50%（从而成为最后的赢家），射不中的概率也为50%（最后被别人射中身亡）。

现在我们来分析一下这个有趣的结果：

如果迈克最先射击，他一定会故意射不中。因为如果他射死了其中一个人，那么另一个人就会把他射死。

因此事实上需要考虑的只有2种情况：汤姆先射杀掉比尔，或者反过来比尔先射死汤姆。

这两种情况下迈克有50%的可能性能够射死幸存下来的那个人，因此他活下来的概率为50%。

汤姆如果先开枪，他活下来的概率为50%；如果比尔先开枪，那么他活下来的可能性为0。由于有50%的可能性是比尔先开枪，因此汤姆活下来的可能性为1/2×1/2=1/4=25%；比尔活下来的可能性也是如此。

猫和老鼠

一共有4种不同的解法，最少都需要4次才能将它们全都带过河。如图所示是其中的一种解法，其中M代表老鼠，C代表猫。

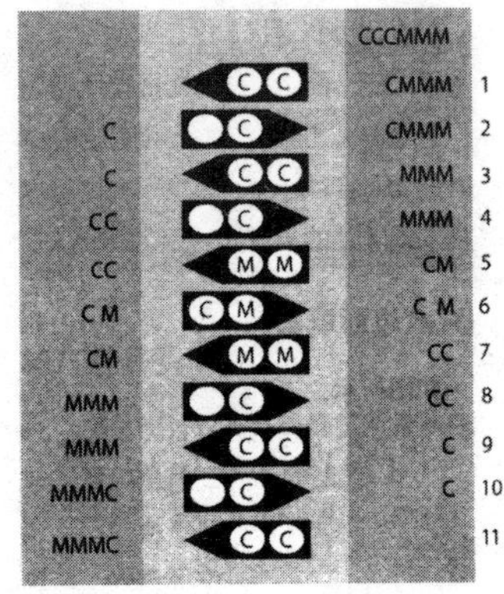

谁是谁

右边的是汤姆，中间的是亨利，左边的狄克，而且狄克说谎了。

魔　球

第一个魔球是红色的，第二个魔球是绿色的，第三个魔球是黑色的，第四个魔球是黄色的，第五个魔球是

蓝色的。

小丑表演

如图所示。

真假难辨

第3支铅笔

标号为7的铅笔。

转向何方

A和B两个轮子都朝逆时针方向转动。

上升还是下降

A会上升，B会下降。如图：

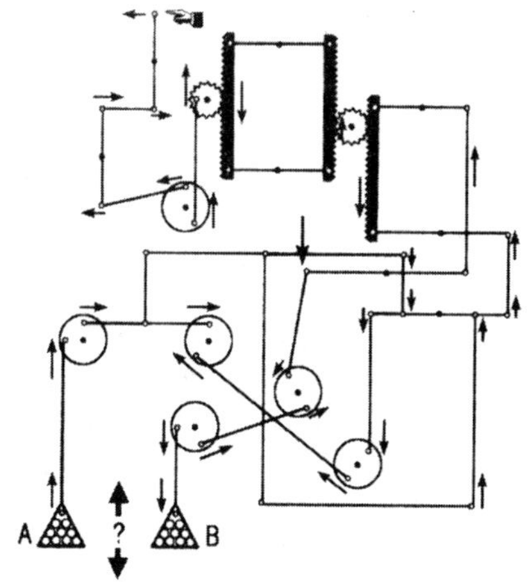

买的什么文具

根据（1）和（2），如果东东买的是铅笔，那么西西买的就是笔记本，南南买的也是笔记本。这种情况与（3）矛盾。因此，东东买的只能是笔记本。于是，根据（2），南南买的只能是铅笔。因此，只有西西才能昨天买铅笔，今天买笔记本。

GLASGOW 趣题

只需要走 8 步。两个 G 哪个作字头都可以。如用下面的 G 作字头，按下列顺序移动字母就可以达到目的：GASLSAGO。

哪一个方向错了

3 号图

理解记忆法的训练游戏

若想要记住，首先要懂得。理解是良好记忆的基础，通过理解加深记忆是行之有效的方法。所谓理解是把新的知识经验纳入已有的知识经验的系统中，即在已有的暂时神经联系的基础上去建立新的神经，并且把新旧联系组成一个新系统。

一个人理解能力的强弱，取决于他的知识量、头脑中已有的知识结构，头脑中知识结构越复杂、越系统化的人，记忆就越全面、越迅速、越牢固。

真正的理解有两个重要标志，即对动作的词的解释和实际执行动作。前者是指出某种动作所服从的原理，后者是指把某种原理应用到实践中去。也就是说，进行理解记忆时，要注意：①认真分析识记材料，努力弄清其内容实质。②把所学知识付诸实践，在运用中加深理解。在实践过程中，不可避免地会碰到一些意外的问题，需要自己动脑筋分析理解，这样会使记忆得到巩固和深化。

本章所选的题目以理解应用型为主，希望对你理解记忆有所帮助！

自鸣的磬

难度等级 ★★★☆☆

从前，有一个和尚，他的房间里收着一个磬。这个磬有时半夜三更或大白天会突然发出响声。和尚以为是鬼在捉弄他，十分惊慌，以至于得了病。

一天，和尚的朋友来看望他，就在探望时，传来了寺院里敲钟的洪亮响声，这时，和尚房里的磬也跟着响了起来。和尚吓得面色惨白，浑身哆嗦。这位朋友一下就明白了，他找来一把锉，把磬上锉缺几处地方。从此以后，磬就不再自鸣了，和尚的病也好了。你知道这个磬不敲自鸣的秘密在哪里吗？

绳子上的猴子

难度等级 ★★★☆☆

如图所示，现在猴子和绳子另一端的香蕉处于平衡状态。

如果这只猴子现在开始沿着绳子往上爬，左边的香蕉将会怎样移动？

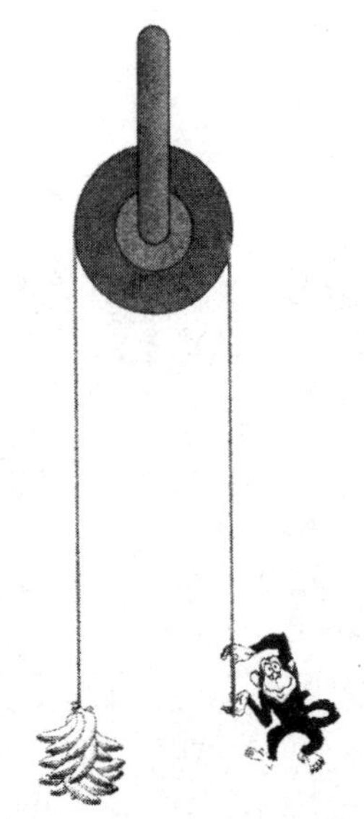

木板上升

难度等级 ★★★★☆

如果这个男孩使劲拉绳子，他能否把自己和他所站的木板都拉起来？

哥伦布竖鸡蛋

难度等级 ★★★★☆

有一个非常著名的问题：怎样把一个鸡蛋竖起来？根据记载，克里斯托弗·哥伦布知道答案。

故事是这样的：西班牙的贵族们给哥伦布出了一个难题，要求他把一个鸡蛋竖起来。

所有人都认为他不可能做到。哥伦布拿起鸡蛋，轻轻地敲破了鸡蛋一端的一点蛋壳，轻而易举地就把鸡蛋竖起来了。这个故事的寓意在于，很多看上去非常困难的事情很可能会有一种非常简单的解法。

如果要求不能弄破蛋壳，你还能把一个鸡蛋竖起来吗？

机会平衡

难度等级 ★★★★☆

如图所示，请问有多少种方法可以将这5个重物放在天平上，并且保证天平处于平衡状态？

记住，一个重物离天平的支点越远，它对天平施加的力就越大。因此在图中标号2处的重物对天平施加的力是图中标号1处的2倍。

如果你将这5个重物随机地放在天平上，天平正好保持平衡的概率是多少？

希罗的开门装置

难度等级 ★★★★★

亚历山大城的希罗（公元前10年～公元70年）的机械发明堪称是古代最天才的发明，完全可以将希罗看做是自古以来第一个、也可能是最伟大的一个玩具发明家。

图中的这个开门装置是他所设计的很多种玩具和自动装置中的典型代表，它最初是用于宗教目的。这个设计图复制于希罗的原图，它是一个使神殿大门能够自动开合的神奇装置。

你能说出这个装置的工作原理吗？

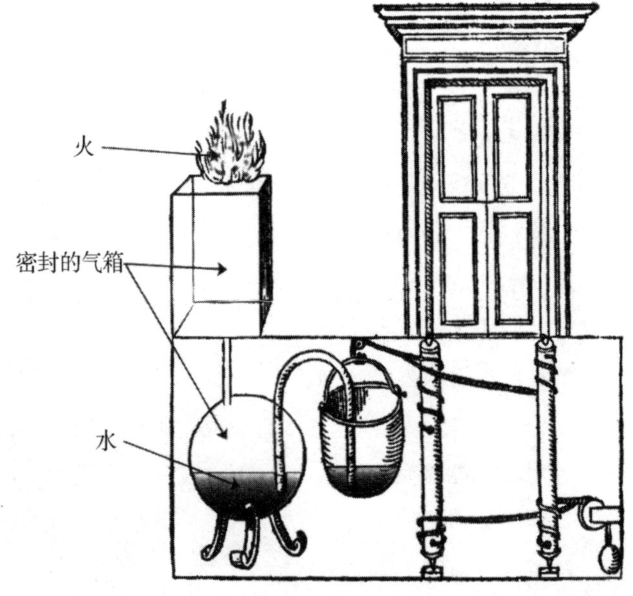

液体天平——浮力

难度等级　★★★★★

图一：天平是平衡的。天平左端的盘子上是一个装满水的容器，右端是一个重物。

图二：重物从天平的右端移到左端，而且该重物完全浸入容器中的水里面。

很明显现在左端要比右端重。

请问：为了继续保持天平的平衡，现在天平的右端应该放上多重的物体？

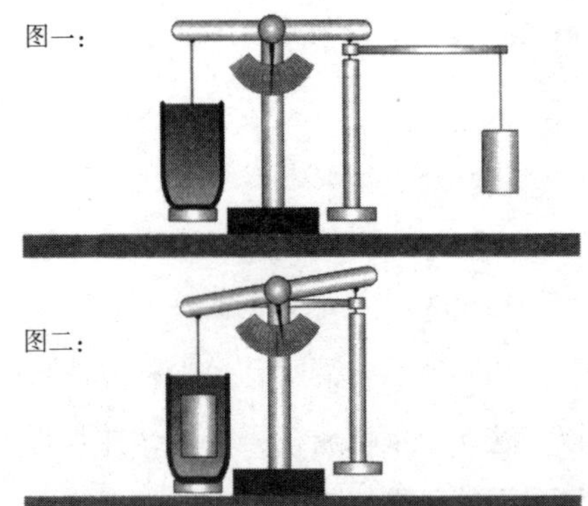

简谐运动

难度等级 ★★☆☆☆

如图所示，在一个摆锤上安装一支笔，使其在摆动过程中在前进的纸上画出它的运动轨迹。最终我们将会得到一条曲线。

你能够在结果出来之前就说出这条曲线是什么样子的吗？

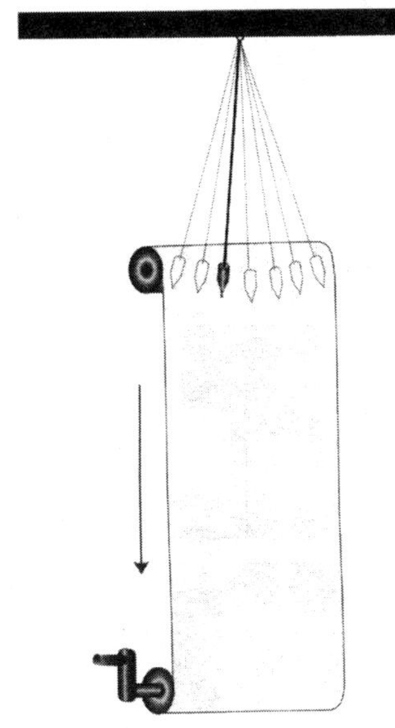

帕斯卡定理

难度等级 ★★★★☆

如图是液压机的一个模型，从中我们可以清楚地看到它的机械效益（一台机器产生的输出力和应用的投入力之间的比率）。这个液压机有 2 个汽缸，每个汽缸有一个活塞。

一个容器内静态的液体中任意一点受到压力都会均衡地传播到容器内的每一点。这个结论是 300 多年前法国人巴斯·帕斯卡发现的。所有将液体从一处抽到另一处的装置都是利用了这一原理。

利用帕斯卡定理的例子有液压泵、印刷机、起重机以及水力制动系统。

上面这个模型中：

小活塞的面积是 3 平方厘米；

大活塞的面积是 21 平方厘米；

机械效益为 $21 \div 3 = 7$。

请问小活塞上面需要加上多少力，才能将大活塞向上举起 1 个单位的距离？

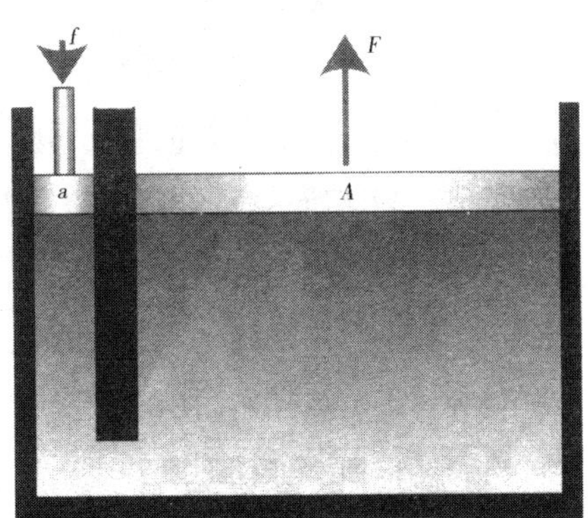

落水的铅球

难度等级 ★★★☆☆

如图所示，水池的边上有一个铅球，这个铅球有可能直接掉到水池里，也有可能掉到水池中的汽船里。

问：掉到水池里和掉到汽船里，哪一种情况下水池的水面上升得更高一些？

共振摆（1）

难度等级 ★★★★☆

两个摆可以有很多种不同的组合方式，最简单的方法就是把它们用绳子挂起来，如图所示。你可以用一支铅笔和两颗珠子来制作这个装置。分别用绳子将两个“摆锤”系在起连接作用的绳子上，这样它们摆动的时候就正好与这根绳子垂直。

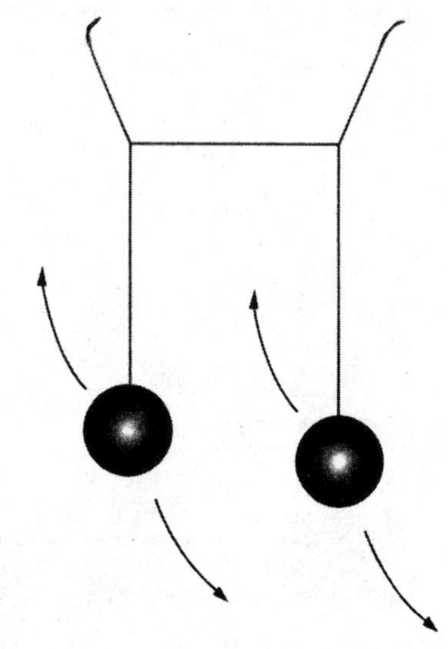

如果你用手拉动其中一颗珠子让其运动起来，那么这个装置会发生什么变化？

手势记忆

难度等级　★★★☆☆

两人一组，A首先认真看B做如下五个手势，而且只能看不能跟着做。在B把五个手势做完后，由A按顺序重复做出来。

手势一：双手各伸出中指和食指。

手势二：双手各伸出小指。

手势三：双手各伸出5个手指。

手势四：双手各伸出大拇指。

手势五：双手握拳。

第一遍做完后，可以再把这几个手势倒着做一遍。

比比谁的记忆力更好，看谁做得又快又准确。

倒三角形

难度等级　★★★☆☆

如图所示，每1块积木上面有2块积木。

请问这样的结构可以搭多高都不倒塌？

共振摆（2）

难度等级　★★★★☆

一根水平的横杆上悬挂着3对摆，如图所示。每对摆（2个颜色相同的摆）的摆长都相同。

将6个摆中的任意1个摆摆动起来，横杆可以将这种摆动传递到其他5个摆上去。想象一下，最后会出现什么结果？

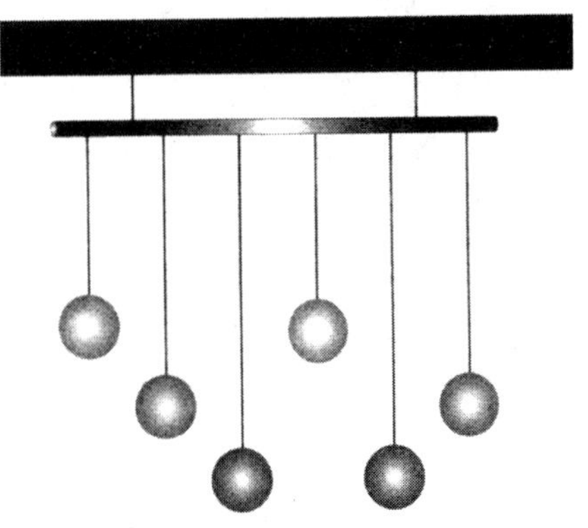

阿基米德的镜子

难度等级 ★★★☆☆

镜子可以在科学、魔术以及日常生活中创造不可思议的功绩。

伟大的希腊数学家阿基米德富于想象力地将镜子用于许多创造发明中。根据古代著作记载，他最杰出的功绩就是在公元前214年罗马舰队围攻西西里岛的城市叙拉古时，他用镜子将太阳光集中反射到罗马船只上使其着火。

我们可能永远都无法得知阿基米德是否成功地用镜子保卫叙拉古免受了侵略。但是，他有可能办到这件事吗？

虹吸管

难度等级 ★★★★★

在图1所示的一个密封的模型中，液体被储存在最下面的空厢里。

请问如果把整个模型倒过来，如图2所示，会出现什么样的情况？

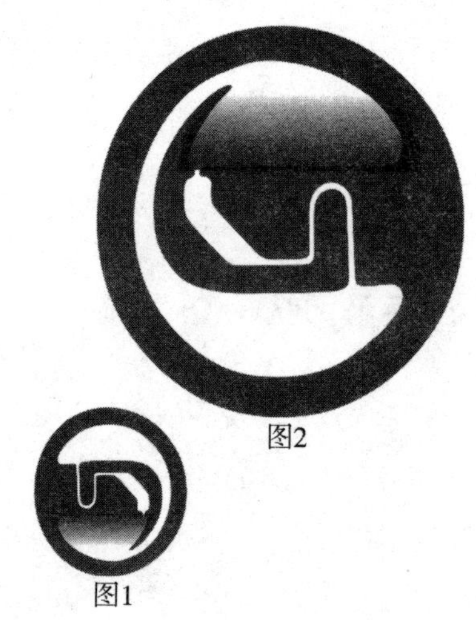

图2

图1

减少的物品

难度等级 ★★★☆☆

在桌子上摆放一行物品：手表、铅笔、水杯、糖块、火柴棒、书、剪刀、积木、钥匙、报纸。

让你的同伴面对桌子观察1分钟，然后请他背对桌子说出每件物品的名称。

让同伴面对桌子观察1分钟，然后遮住同伴的眼睛，悄悄拿走铅笔、糖块、剪刀。给同伴解开眼罩，让他说出桌子上少了哪些物品。

圣诞节风铃

难度等级 ★★★☆☆

这个风铃重144克（假设绳子和棒子的重量为0）。

你能计算出每一个装饰物的重量吗？

九宫图

难度等级　★★★☆☆

将编号从1到9的棋子按一定的方式填入图中的9个小格中，使得每一行、列以及两条对角线上的和都分别相等。

1 2 3 4 5 6 7 8 9

思维游戏总动员丛书

市场效果

难度等级 ★★★☆☆

市场效果是指在一定的市场结构下，通过一定的市场行为使某一产业在价格、产量、费用、利润、产品质量和品种以及在技术进步等方面所达到的某种状况。请你根据定义判断下列不属于市场效果的一项是：

A. 产业的利润是否合理。

B. 消费者个人口味如何。

C. 在销售费用及产品外型上是否存在浪费。

D. 产业生产能力的扩大是否与市场需求的增长相适应。

特设性修改

难度等级 ★★★☆☆

特设性修改是指为了使某个科学理论免遭被否定的危险，对该理论进行修改或者增加一些新的假定，使该理论不具有可否证性或者可检验性。由此可以判断下列属于特设性修改的是：

A. 托勒密体系的学者为了使“地心说”符合观察到的天体运行数据，不断增加本轮的数目。到16世纪，托勒密体系的本轮总数一直增加到80个。

B. 亚里士多德的信徒为了坚持一切天体都是完美球体的学说，提出月球上存在的不可检测的物质充满了凹处，使得月球仍然保持完美球体形状。

C. 爱因斯坦为了研究特别大和特别快的物体，修改了牛顿的绝对时空体系，提出了相对时空体系，其中包括光速不变论和质量可变论。

D. 黎曼等通过修改欧氏几何的第五条公理，创造出了非欧几何学，把数学向前推进了一大步。

正确的投弹线

难度等级 ★★★☆☆

轰炸机在没有大风的天气里投弹时，下面哪一个投弹线是正确的？

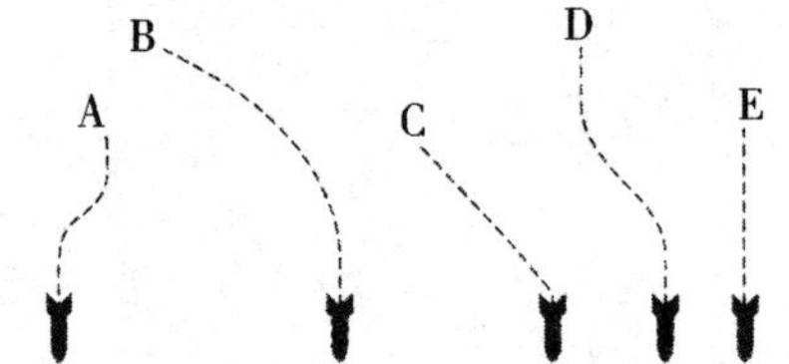

难搭的桥

难度等级 ★★★★☆

如何才能搭出如图所示的桥呢？

最结实的门

难度等级 ★★★☆☆

下面 A、B、C、D 四扇木制门框中，哪一扇门的门框结构最牢固？为什么呢？

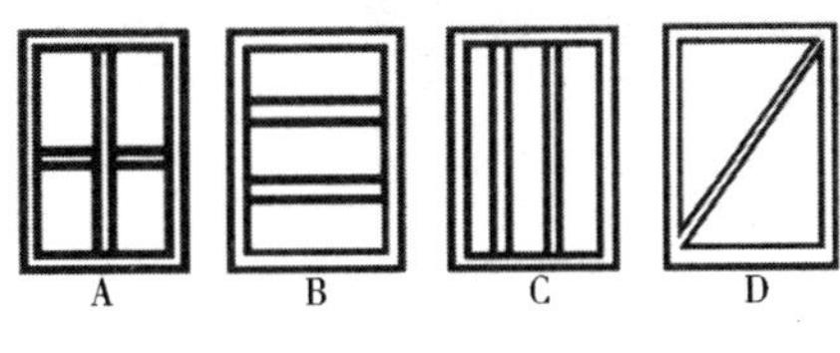

药水挥发

难度等级 ★★★★☆

一种挥发性药水，原来有一整瓶，在第二天变为原来的 1/2，在第三天变为第二天的 2/3，在第四天变为第三天的 3/4。

请问：药水到第几天时还剩下 1/30 整瓶？A. 第五天　B. 第十二天　C. 第三十天　D. 第一百天

答案与提示

自鸣的磬

物体每秒振动的次数叫做“频率”，如果两个物体的振动频率相同，一物体振动时，另一物体也会振动。在这个故事里，因为寺院的钟与磬的固有振动频率相近，因此，就会发出共鸣。把磬挫开几处缺口，改变了磬的振动频率，也就听不见磬鸣了。

绳子上的猴子

如图所示，无论猴子怎样往上爬，它跟香蕉总是保持平衡状态。

木板上升

理论上是可以的，尽管操作起来会非常困难。如果这个男孩对绳子施加的力等于他的体重加上木板的重量，他就可以把自己拉起来。但是在这种情况下他还必须努力保持平衡。

哥伦布竖鸡蛋

如图所示，这个鸡蛋竖起来的道理与高空走钢丝是一样的。两个叉子给鸡蛋提供平衡力，降低鸡蛋的重心。多一点耐心就可以完成题目的要求。

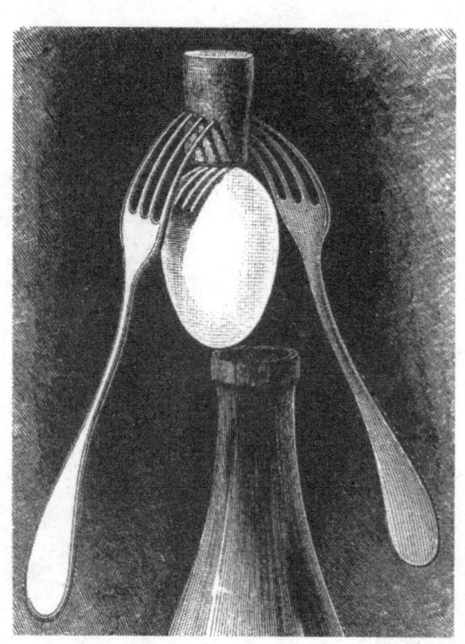

机会平衡

一共有 6 种平衡的情况：如图所示的 3 种，再加上它们分别反过来摆放。

随机摆放就能达到平衡的概率是 6/120 = 1/20。

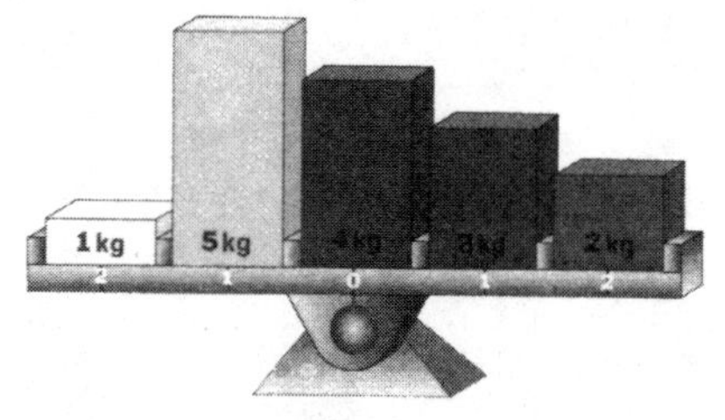

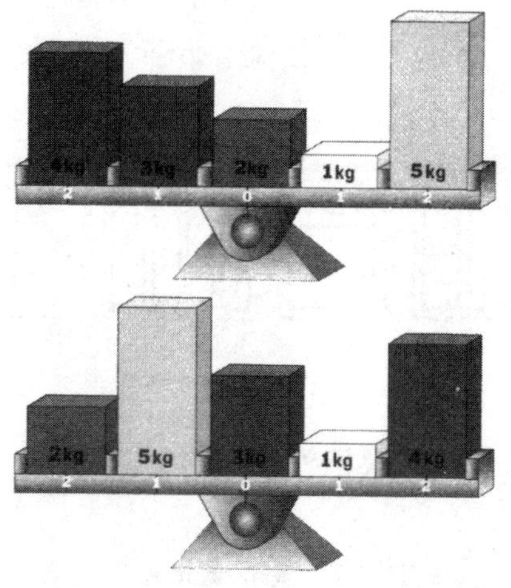

希罗的开门装置

这个装置利用了一些简单的机械原理。装置中用到了链子、滑轮、杠

杆以及气箱和水箱。牧师将圣坛上的圣火点燃，气箱和水箱里的空气受热膨胀，压迫球形水箱里的水通过虹吸管流到挂在滑轮上的桶里面。桶的下降会拉动绳子或链子，从而拉动拴门的链子，神殿的门就这样被“神奇”地打开了。

当圣火燃尽，空气冷却之后，门又会通过右下方的平衡物自动关上。

液体天平——浮力

浸在水里的物体的浮力等于它所排出的水的重量。

你可能认为结果应该是在天平右端原来的重物基础上再加上与左端容器里重物承受的浮力相等的重量，然而真的是这么简单吗?

根据牛顿第三定律，作用力与反作用力相等。那么容器里的水对重物的浮力就等于重物对水的反作用力。

因此，天平右端的重量减少时，天平左端的重量相应增加。

所以要达到平衡，天平右端需要加上 2*W* 的重量，*W* 等于重物在左端容器里排出的水的重量。

简谐运动

画出来的运动轨迹是一条正弦曲线，如图所示。

这种运动被称为阻尼运动，这是因为在摩擦力的作用下振动最终停止，而且其运动轨迹成为一条直线。

理想的状态（即没有摩擦力的情况）被称为简谐运动。简谐运动是自然界中最常见的运动类型之一，比如池塘的水波、收音机的波等。

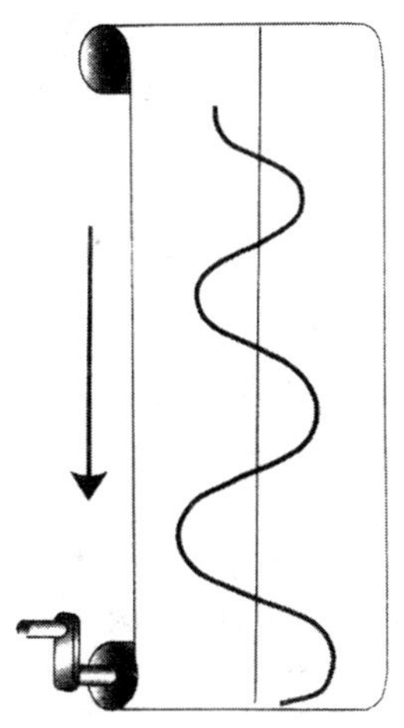

帕斯卡定理

我们必须记住的是水压所产生的巨大力量是同距离有很大关系的。因此，大活塞每活动 1 个单位距离，小活塞就要活动 7 个单位距离，加在小汽缸上的压力应该是 7。

落水的铅球

如果球直接掉进水池里，它排出

的水池里的水量等于它本身的体积。

如果球落到船上，那么它排出的水量等于它自身的重量（阿基米德定律）。由于铅球的密度比水的密度大，因此落到船上所排出的水的体积要更大。

共振摆（1）

在这个装置中，通过起连接作用的绳子使这两个摆锤的运动相互作用。当其中一个摆锤开始振动时，这种振动转移到起连接作用的绳子上，然后再转移到另一个摆锤上。第一个摆锤的能量逐渐转移到另一个摆锤上，然后再转移回来。

由于这种共振转移作用，这种摆通常被称为共振摆。

手势记忆

记忆的过程中不仅要动脑，还要动手，以便在大脑记忆的区间建立一个动作的影像。

倒三角形

这个结构理论上你想搭多高都可以。当你将一块积木放在另一块积木上时，只要它的重心在比它低的积木上面，就不会倒。

如果所有的积木都摆放得非常完美，那么整个结构会非常平稳（当然，在实际操作中，即使是很小的误差也会导致积木全部倒塌）。

共振摆（2）

过了一段时间之后，所有的摆都开始摆动，但是只有第一个开始摆动的摆和与之颜色相同的摆的摆幅最大。它们之间通过振动传递能量。

每个摆都有一个摆动频率或者固有频率。每个摆的每一次摆动都会拉动连接的横杆，并带动其他的摆。其中摆长相同的两个摆的固有频率也相同，从而相互作用。

最终，这一对摆长相同的摆中有一个摆幅慢慢接近0，它的能量转移到另一个摆上，使这个摆的摆幅达到最大，然后能量又传递回来，如此循环往复。

阿基米德的镜子

尽管许多科学家和历史学家都对这个故事着迷，但是他们都判定这是个不可能完成的功绩。不过有几个科学家曾试图证明阿基米德的确能使罗马船舰突然冒出火苗。这些科学家的假设是，阿基米德用的肯定不是巨型镜子，而是用非常多的小反射物制造出一面大镜子的效果，这些小反射物可能是磨得非常光亮的金属片（也许是叙拉古战士的盾牌）。

阿基米德所做的是不是仅仅让他的士兵们排成一行，命令他们将太阳光聚焦到罗马船只上呢？

1747 年，法国物理学家布丰做了一个实验。他用 168 面普通的长方形平面镜成功地将 330 英尺（约 100 米）以外的木头点燃。似乎阿基米德也能做到这一点，因为罗马船队在叙拉古港湾里距离岸边肯定不会超过大约 65 英尺（约 20 米）。

1973 年，一位希腊工程师重复了一个与之类似的实验。他用 70 面镜子将太阳光聚集到离岸 260 英尺（约 80 米）的一艘划艇上。镜子准确瞄准目标后的几秒钟内，这艘划艇开始燃烧。为了使这个实验成功，这些镜子的镜面必须是有点凹的，而阿基米德很有可能用的就是这种镜子。

虹吸管

这个模型展示的是间歇虹吸原理。

将这个模型倒过来，水首先会慢慢地流到中间的空厢，直到水位到达弯管的顶部，这时马上就会出现虹吸现象，迅速将中间空厢里的水抽干。这个过程将会不断重复，直到上面空厢里的水被完全抽干。

为什么会出现这样的现象呢？

虹吸管长的一端的水的重量要大，引起水从上面的空厢流出，直到上面的空厢被抽空。

虹吸现象之所以发生，最根本的一点是出水口要比入水口低。

很多世纪以前虹吸现象就被工程师所熟知，它被广泛运用在多个领域。最典型的一个例子是文艺复兴时期建造的自动喷泉。它是一个包含多个管子和虹吸管的复杂装置，这个自动喷泉上有机器鸟，每隔一段时间就会自动唱歌，还会扇动翅膀，这些靠的都是水的动力。之后一个更有名的运用就是厕所的冲水马桶。

对于虹吸管的研究是属于流体动力学领域的，流体动力学是流体力学的一个分支。

如果把这个模型再次倒过来，虹吸现象就会再次出现。

减少的物品

我们既要善于思考“增加”，又要善于思考“减少”。对于这样的零散物品，最好的记忆方法就是“故事

记忆法”，把你看到的东西用故事的形式串连起来。

圣诞节风铃

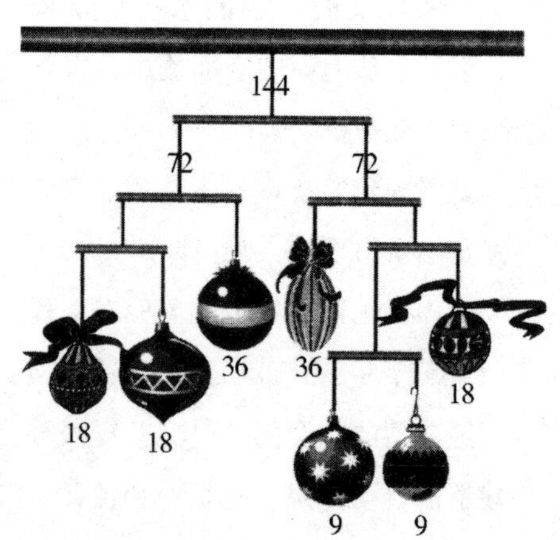

九宫图

九宫图中的9个数字相加之和为45。

因为方块中的3行（或列）都分别包括数字1到9当中的1个，将这9个数字相加之和除以3便得到“魔数”——15。

总的来说，任何n阶魔方的“魔数”都可以很容易用这个公式求出：

$$\frac{n^3+2}{2}$$

和为15的三数组合有8种可能性：

9+5+1　9+4+2　8+6+1　8+5+2

8+4+3　7+6+2　7+5+3　6+5+4

方块中心的数字必须出现在这些可能组合中的4组。5是唯一在4组三数组合中都出现的。因此它必然是中心数字。

9只出现于两个三数组合中。因此它必须处在边上的中心，这样我们就得到完整的一行：9+5+1。

3和7也是只出现在2个三数组合中。剩余的4个数字只能有一种填法。

市场效果

B。

特设性修改

B。

正确的投弹线

B。炸弹会呈抛物线下降。

难搭的桥

乍一看，这种结构的桥好像是搭不出来的，因为还没搭几块，桥就会因为重心不稳而倒塌。可是，如果找到正确的思路，搭这座桥将是轻而易举的事情。

关键在于桥墩与桥面之间的搭

建。一开始可以多放两块积木做桥墩。当搭了足够多的积木后，桥的构架也就稳定了，这时再把多余的桥墩取走。

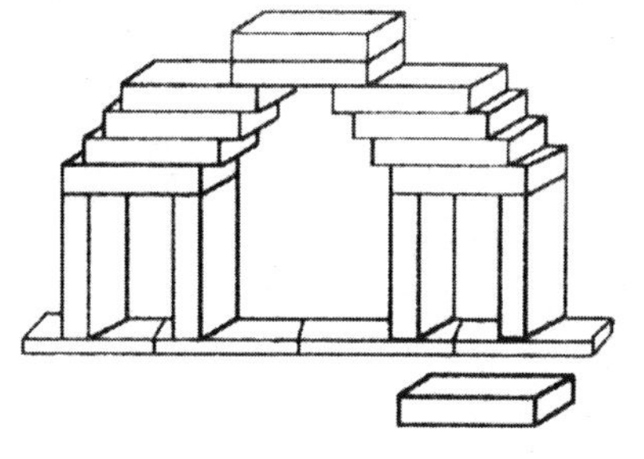

最结实的门

D 最牢固。

因为三角形的 3 条边确定后，它的形状便不易改变了，D 正是由两个三角形组成的，所以 D 是结构最牢固的门框。

药水挥发

药水挥发后，在第三天剩余的量是原来的 $1/2\times2/3=2/6=1/3$。第四天剩余的量是原来的 $1/3\times3/4=3/12=1/4$。通过科学归纳可知，第 n 天时还剩 $1/n$ 瓶。所以，正确选项是 C。